少年事件
加害者家族
支援の理論と実践

家族の回復と少年の更生に向けて

編著 NPO法人World Open Heart理事長 **阿部恭子**

現代人文社

はじめに

「息子が人を殺しました……」

　拙著のタイトルにもなったこの科白は、相談電話に寄せられる加害者家族の言葉である。加害者家族の中でも、子どもが罪を犯した親からの相談が最も多い。なぜなら日本では、子どもの犯罪について、必ずと言っていいほど親が責任を問われ、その影響は親の仕事にまで及ぶのだ。親の社会的地位が高ければ高いほど、子どもが犯罪者になるということは「社会的な死」を意味するのである。

「犯人の顔が出せないなら親の顔を晒せ！」

　少年による凶悪事件が起こるたび、インターネット上では必ずと言っていいほどこうした発言で溢れかえり、保護者の実名や職場が暴かれてしまうことさえある。少年事件の加害者家族は、加害者家族の中で最も過酷な状況に置かれている。

　2003年、長崎市で少年による殺人事件が発生したとき、当時、政府の青少年育成推進本部の副本部長を務める鴻池祥肇防災担当相が、閣議後の記者会見で「厳しい罰則をつくるべきだ。（罪を犯した少年の）親は市中引き回しのうえ打ち首にすればいい」「14歳未満の子は犯罪者として扱われないんだから、保護者である親が前に出てくるべきだ」などと発言し、議論を呼んだ。

　親である限り、子どもが家庭の外で起こした問題まですべての責任が問われるならば、親に四六時中子どもを管理しろというに等しい。それは、子どもがひとりの人間として人格を認められていないことの裏返しでもある。日本社会では、子どもの権利が確

立しているとは言いがたい。

　このような状況において、少年による重大事件が起こるたびに、「少年に甘い」と怒りの矛先は少年法に向けられ厳罰化に向けた改正議論が繰り返されてきた。

　本書は、これまで非難と憎悪の対象とされながら、その実像についてはほとんど伝えられてこなかった「少年事件の加害者家族」に焦点を当てた作品であり、改正の是非を考えるにあたっても是非参考にしていただきたい一冊である。

　第1部は、少年事件の加害者家族の現状をもとに、社会は加害者家族に何をすべきか、各専門家が問題提起を行う。第2部は、少年事件の流れに沿って、加害者家族が直面する問題から弁護士と支援者との連携のあり方について検討する。第3部は、少年の家族への支援が少年の更生にどのような影響を与えるのか、長期的な支援事例から検証する。第4部は、心理の専門家による保護者への心理的支援のあり方と、グループカウンセリングの現状と課題について検討する。

　SNSの普及など子どもたちを取り巻く環境が急速に変化するなか、子どもと大人の世界の溝は深化している。全国各地から寄せられる相談からは、地域格差も浮き彫りとなった。

　本書が、少年事件に関わる専門家や支援者にとって新たな視点を提示し、少年事件の加害者家族が抱える問題を通して、家族のあり方、そして社会が果たすべき役割とは何かを考える資料となれば幸いである。

　＊本書で紹介する事例はすべて、個人が特定されないようフィクションとして作成している。

2020年5月11日　阿部恭子

目次 「少年事件加害者家族支援の理論と実践」

第3部　少年の更生と加害者家族支援

第4部　少年事件加害者家族の心理的支援

凡例—————————————————————————

・註は、註番号近くの頁に傍註として示した。

・WOHとは、NPO法人World Open Heartの略称である。

・本書に登場する事例は、執筆者が実際に関わった複数の事例を組み合わせ、個人が特定されないよう配慮した架空の事例である。

・［→●●頁］とは、「本書の●●頁以下を参照」を意味する。

第**1**部

少年法の理念と
加害者家族支援

第1章
少年事件加害者家族の現状と支援に向けて

阿部恭子（NPO法人World Open Heart理事長）

はじめに

　本章は、少年事件の加害者家族支援の総論として、これまでWOHに寄せられた少年事件の加害者家族からの相談234件をもとに、比較的軽微な事件から重大事件までさまざまな少年事件の加害者家族が直面する問題の傾向を分析し、加害者家族を取り巻く社会の問題を踏まえたうえで、支援のあり方について検討したい。

少年事件加害者家族の現状

1. 事件内容 (234件)

　最も多く寄せられているのは殺人事件である。半数は10年以内に発生した事件であり、半数はWOH設立以前の10年以上前に起きた事件である。重大事件の影響は、時間を経過しても家族に及んでいる。加害少年自身または兄弟姉妹の結婚・就職にあたって事件の影響を心配する声は少年事件においても少なくない。昨今、増加傾向にあるのが振り込め詐欺に利用された少年による詐欺事件や詐欺未遂事件である。共犯事件が多いのも少年事件の特徴である。

図1　事件の内容

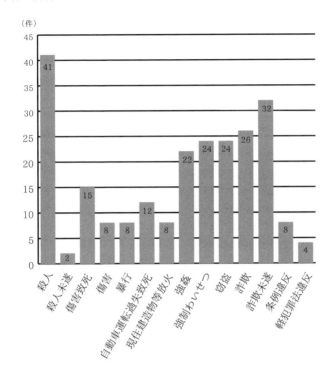

2. 続柄

　相談者の90％以上を保護者が占めており、「祖父母」の中にも保護者の地位を有する人々も含まれている。年代では、30〜50代の中堅世代が多い。男女比では、5年以上前は圧倒的に女性（母親）の割合が高かったが、近年、男性（父親）の相談者が増加した。この背景には、近年、WOHが加害者家族の代理として社会的に発言する機会が増え、悩みを聞くだけに留まらず、転職や引越しといったアドバイス等事件後の家族の生活設計や報道対応に関してコンサルティングを行う役割が増えたことが影響している。

図2　続柄

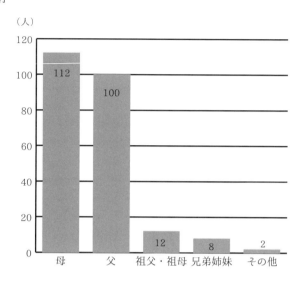

（人）

3. 家族が抱える困難

　図3は、少年事件の加害者家族からの相談の主訴をまとめたデータである。相談者の90％は母・父であり、「子どもとどう向き合えばよいのか」という罪を犯した少年との関係に悩む親からの相談が90％を超えている。内容は、事件発生直後は「子どもが事件を起こした事実に対する衝撃」「子どもの将来に対する不安」といった心理的な悩みが語られており、時間の経過とともに「面会や文通を通したコミュニケーションの方法」「少年の更生や自立をどう支えていけばよいか」といった具体的な助言を要する相談に変化する。

　「仕事を辞めるべきか」という相談は、保護者の父親から多く寄せられており、親の社会的地位が高ければ高いほど深刻化するのが日本の特徴といえる。[1]子供の年齢が低ければ低いほど親の責任を問う声は大きく、より加害者家族を追いつめている。

1　佐藤直樹『加害者家族バッシング──世間学から考える』（現代書館、2020年）55〜59頁。

事件が家族の生活する地域で起きているのも少年事件の特徴であり、被害者との関係から転居を余儀なくされるケースも目立つ。

　「親族との関係に関する相談」とは、事件の影響が親族全体に及び、事件後、地域で暮らし続けることが困難となったり、親戚づき合いが途絶えてしまっている状況に悩んでいる内容であり、主に地方から寄せられている相談である。

図3　家族の悩み

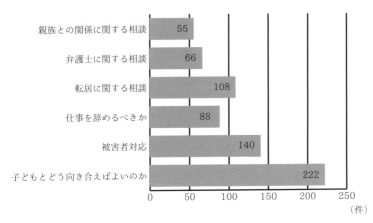

＊　一人の相談者から複数の悩みについて相談を受けている。

親の責任とは何か

1. 世間との関係

　少年への匿名報道への不満から代わりに家族が制裁を受けるべきだという歪んだ正義感や応報感情が蔓延する社会において、加害者家族の中でも最も厳しい批判を受けるのが、少年事件の犯人の親たちである。事件が起きると必ず、「親の育て方が悪かった」と一様に親の責任を追及すべきという声が上がる。日本では、芸能人に代表

されるように子どもが事件を起こした場合、親が会見を開いたりマスコミを通してコメントを出すなどまず「世間」に謝罪する。[2]

　謝罪の時期は、たいてい捜査段階である。早期に謝罪をしておかなければ家族の仕事への影響も長期化することから、捜査が進行するまで沈黙は許されず、無罪推定の原則は無視されている。[3]

　親の責任とは何なのか。少年事件の保護者は、事件によって損害賠償責任を負うケースもあるが、法的責任を負う相手は被害者やその家族など損害を与えた人々に限定され、支払いの完了によって終了する。保護者が悩むのは、親としての「道義的責任」であり、少年の更生に対する責任は被害者のみならず迷惑をかけた社会に対しても負いうると考える傾向がある。[4]

　事件が起きた原因が家庭にあったとして、具体的に家庭の何が問題だったのかは事件を丁寧に見ていかなければ導くことはできず、捜査段階ですぐに判明するわけではなく家族との長期的な関わりが必要となる。

　加害者家族は、曖昧な存在である「世間」からの終わりの見えない制裁に怯え悩まされている。支援者は、当該事件の加害者家族が背負いうる責任について、誰に対していつまでにどのような責任を負うのか、事件の進捗状況を見ながら明確にしていく必要がある。世間に振り回されている親たちに、いますべきことは何か、事件の進捗状況を見ながら具体的に提示していく役割が求められる。

2　世間と加害者家族の関係について、前掲註1書を参照。日本でたびたび行われる加害者家族の謝罪会見は海外メディアから異様に映る理由について、佐藤直樹『目くじら社会の人間関係』（講談社、2017年）42頁を参照。

3　2019年6月に発生した吹田交番襲撃事件の犯人（33歳）の父親が関西テレビの常務理事であることが報道され、父親はすぐに謝罪コメントを出し理事を退任した。

4　加害者家族としての償いについて、阿部恭子（著）・草場裕之（監修）『交通事故加害者家族の現状と支援──過失犯の家族へのアプローチ』（現代人文社、2016年）123～127頁参照。

2. 子どもとの関係

　「子どもを殺して私も死ぬ……」。事件を繰り返す少年の親からこの言葉を聞いたのは一度や二度ではない。さらに、「子どもと一緒に心中しようと……、子どもが寝ている部屋のドアを開けた……」と追い詰められた親たちが具体的な行動に移した話もしばしば語られている。実際、子どもの問題行動に悩む親による子殺し事件は日本でたびたび起きている。

　2019年5月、元農水事務次官が引きこもりの長男を刺殺した事件は世間の耳目を集めた。東京地裁は被告人に懲役6年の実刑判決を言い渡したが、長年、引きこもりの長男に悩まされていた父親に対して世間の反応は同情的だった。

　我が子を手にかけなければならないほど追い詰められた親の心情には同情しても、「子どもを殺す」という発言には異議を唱えるべきである。芸能人の子どもの不祥事への親の謝罪会見に象徴されるように、日本では子がいつくになろうと親の責任が免責されることはない。親の責任を突き詰めた結果、世間が我が子を憎むならば、手にかけなければならないという発想が生まれている。しかし、子どもは親の所有物ではなく、親に子どもを殺す権利などないのである。親であれば、永遠に子どもの行動に責任を持たなければならないという考えは、子どもの権利が確立していないことの証でもある。

　子どもの問題行動に悩む親子心中や殺人は、社会に迷惑をかけてはならず、家庭で必ず解決しなければならないという発想から生じる。罪を犯した少年の受け皿が社会に存在しない状況や社会に頼ることを恥だと考える発想は、親たちを追いつめる。社会において最も尊重されなければならないのは命であり、困難を抱えた親たちが

5　阿部恭子『家族という呪い──加害者と暮らし続けるということ』(幻冬舎、2019年) 207頁参照。

安心して頼ることができる社会にしていかなければならない。手に負えない状況が来たら逃げればいい。それを「無責任」と家族にのみ責任を押しつける社会であってはならない。いかなる状況下であっても、命を奪うことがあってはならない。

保護者支援
における国の役割

　少年事件では、成人の刑事事件に比べて、さまざまな機関や専門家が関わるものの、少年への支援が中心となり保護者を主体としたアプローチはほとんど行われてこなかった。その理由として、養育者が不在の少年に対しては国が親代わりを引き受けても、家族がいる少年に対してはまず家族が面倒を見るべきという姿勢が見てとれる。

　少年の保護者は、事件の原因とみなされながらも一方で、更生の支え手としての役割を期待されてきた。家族社会学の望月崇氏は、[6]犯罪に対する「家族責任論」と説明しているが、家から犯罪者を出した責任として犯罪者を更生させるべきという考えが社会に根強く、疑問を呈する人々も少なかった。しかし、事件の原因となっていた家族がそのまま更生の支え手として機能するということはありえない。刑事事件に比べ、専門家の関与によって家庭の問題が発見される可能性は高いものの、家族が問題を認識し変化するには時間を要する。国の役割の限界として、問題の指摘に留まり、家族の具体的問題に立ち入ることはなく、関与する期間も限られている。

　報道対応、被害者対応、地域や学校への対応、少年の更生と、事件後、保護者が背負わされる課題は多く、まず、家族の生活を維持し

6　この矛盾について指摘されているのは、望月崇「犯罪者とその家族へのアプローチ」犯罪社会学研究第14号（1989年）57〜69頁。

ていくことを前提としてひとつひとつ解決していかなかくてはならない。家族に少年の更生の担い手を期待するならば、家族が安全に生活できる環境を保障しなければならないはずである。

　少年に家族がいる場合であっても、世間からのバッシングが強く生活が脅かされているような状況であれば、まず積極的に少年を国が保護することを考えるべきである。少年の更生に関しても、家族の多くは知識も情報も乏しいことから、国が支援することを前提に、家族と関わるべきである。

　社会復帰が必要な状況に追い込まれるのは、むしろ家族の側である。少年の更生支援と保護者への生活支援が並行して行われることによって、被害者や地域との関係修復の可能性が初めて見えてくる。

おわりに

　佐藤直樹氏が指摘するように、芸能人をはじめとした加害者の親による対象や責任が曖昧な謝罪会見は無意味に感じる。しかし、「世間の掟」に従わなければ家族の社会生活が成り立たない場面もあり、「世間対応」もまた加害者家族支援のひとつである。社会はすぐに変えることはできないが、社会のあるべき姿は見失わないでいたい。WOH設立から10年が経過し、確実に社会における加害者家族への理解は進んできた。加害者家族に優しい「世間」に変わる日を信じたい。

第2章
少年事件から考える
加害者家族支援

岡田行雄（熊本大学人文社会学科研究部教授）

はじめに

　少年法をめぐっては、1990年代後半から、絶えず、その「改正」が論じられてきたが、非行少年の家族については、今までのところ、2000年11月に成立し、翌4月から施行された少年法第一次「改正」法で定められた非行少年の保護者に対する措置を除けば、ほとんど触れられることはなかったと言ってよい。

　しかし、これまでも明らかにされているように、成人の犯罪者のみならず、非行少年の場合もその家族がさまざまな攻撃を受け、とりわけその保護者たる親は少年の非行の原因を作った者として厳しく指弾される状況にある。こうして社会から、いわば総攻撃を受けている状態の非行少年の保護者は、たとえば、非行少年が少年院に送致されたとしても、その仮退院後の帰住先を用意しうるのであろうか？　社会からの攻撃によってさらに孤立が深まった保護者が少年が安心して暮らせる帰住先を用意することなど到底できないように思われる。

　このような状況下で、社会から攻撃を受けがちな非行少年の保護者を中心としたその家族への支援が注目される。こうした非行少年の家族への支援が、たとえば仮退院後の少年の帰住先を拡大するだけでなく、保護観察中の少年の生活拠点の確保につながりうるからである。そうすると、非行少年の家族支援は、少年法から求められ

ているものと言うこともできよう。

　そこで、本稿では、少年法がそもそも非行少年の保護者に何を求めているのか、そして非行少年の保護者が少年法の求めるところに応えられる状況にあるのかを確認したうえで、少年法が必要とする非行少年の保護者を中心とする家族への支援とはどのようなものか、そして、それを実現していくには、どのような課題があるのかを検討してみることにしたい。

少年法における少年の家族

1. 少年法の目的と内容

　少年法は、少年の健全育成を目的として、非行の疑いのある少年に対する特別の手続である調査や審判の結果、家庭裁判所が非行少年に保護処分を言い渡すことができることを内容とする規定を中心としている。加えて、罪を犯した疑いのある少年への刑事手続や罪を犯した少年に例外として言い渡される刑罰にも、健全育成に向け、少年が成人と同様に扱われることによって生じる弊害を回避するためのさまざまな特則が少年法には用意されている。

　少年の健全育成という概念は抽象的ではあるが、日本国憲法や子どもの権利条約に照らすと、非行少年であっても、少年法のさまざまな特則を通して、可能な限り、その潜在能力を発揮する形で成長発達を遂げ、社会に参加できるようになることを意味していると言えよう。

2. 少年法における保護者とその果たすべき役割

　少年法における少年とは20歳未満の者をいうが（2条1項）[1]、少年

1　現在、この少年年齢を18歳未満に引き下げることが法制審議会で議論されている。しかし、

法は、少年に対して法律上監護教育の義務ある者及び少年を現に監護する者を保護者と位置づけ（2条2項）、少年の成長発達権保障のためにさまざまな権利を認めると同時に、さまざまな義務も課している。

　この法律上監護教育の義務ある者として、親権者、つまり、少年の親のほか、親権代行者や監護者などが挙げられており[2]、基本的に少年と同居している年長の家族がこれに当てはまると言える。

　つまり、少年法では、少年の家族が保護者として位置づけられ、さまざまな権利と義務が定められている。この保護者の権利から、具体的に見ていくと、まず、少年の手続に、少年の側に立って少年の理解を助けるなどの役割[3]を担う付添人を選任する権利がある（10条1項）。この付添人には保護者がなることもできる（10条2項）。次に、家庭裁判所で開かれる非公開の少年審判に保護者は出席すること（少年審判規則25条2項）、この少年審判において、証人尋問、鑑定などの証拠調べを申出ること（同29条の3）、裁判長の許可を得て意見を陳述することができる（同30条）。さらには、少年法32条が、少年審判において言い渡された保護処分決定などに対する不服申立てである抗告などを行う権利も少年の法定代理人である保護者には保障している[4]。

　他方、少年法は、保護者の義務として、少年事件の家裁への通告義務（6条1項、2項）に始まり、家庭裁判所が行う調査または審判の

民法の成年年齢引下げを論拠に、18歳、19歳の年長少年を少年法の対象から外すことは、立ち直りに向けて支援が必要不可欠な年代の者を放置するか、あるいは苦痛を中核とする刑罰の対象とするだけで、かえって再犯を助長し、さらに多くの少年院を廃庁に追い込むなど少年の立ち直りに向けての社会資源を減らすだけであって、百害あって一理なしと言わざるをえない。この問題については、葛野尋之他編『少年法適用年齢引下げ・総批判』（現代人文社、2020年）参照。

2　守屋克彦・斉藤豊治編『コンメンタール少年法』（現代人文社、2012年）47頁参照。

3　付添人の役割をどう解すべきかについては、少年法に明確な規定がないため、家庭裁判所の協力者としてのそれを重視するか、少年の権利を保障するそれを重視するかなどで対立がある。武内謙治『少年法講義』（日本評論社、2015年）512頁以下参照。

4　この他、少年法は、一般的には少年を少年鑑別所に収容することを内容とする観護措置を家庭裁判所が決定した場合やその更新の決定をした場合に、これらの決定に対する異議申立権も保護者に認めている（17条）。

ための家庭裁判所への出頭義務（11条）、家庭裁判所調査官による試験観察に際し付けられた条件を履行する義務（25条2項2号）などを定めている。

加えて、前述した「改正」少年法によって、家庭裁判所は、必要に応じて、保護者に対し、少年の監護に関する責任を自覚させ、その非行を防止するため、調査または審判において、訓戒や指導などの適当な措置をとることができると定められた（25条の2）。したがって、保護者は、家裁の裁判官や調査官から、こうした訓戒や指導などを受ける立場にあると言うこともできる。

以上をまとめると、少年法は、少年の保護者に、少年が適切に家庭裁判所での調査や審判に参加できるようにさまざまな権利を保障する役割が期待されている付添人を選任する権利を始め、家庭裁判所裁判官の判断に最終的には委ねられているものの、少年を支えるさまざまな手続上の権利を保障しているだけでなく、非行少年の成長発達に保護者を協力させるべく、さまざまな義務を課していると言える。つまり、少年法は非行少年の家族に、非行少年の成長発達権の保障に向けたさまざまな役割を果たすことを期待しているのである。

非行少年の保護者の現状

1. 加害者家族の状況は非行少年の保護者にも当てはまるか？

ある刑事事件の疑いをかけられ逮捕されたことなどが実名で報道された場合、実名報道された被疑者がバッシングされるだけでなく、インターネットなどを通じたバッシングがその家族にまでおよび、凄惨な生活を強いられ、自殺にまで至る場合があることなどが、鈴木伸元による『加害者家族』を皮切りに明らかにされるようになっ

た。[5]

　加害者家族の支援を行うNPOワールドオープンハート（以下、WOH）代表の阿部恭子は、この加害者家族が社会からのさまざまなバッシングを受けるかどうかは、加害者（被疑者）とされた本人の刑事事件が報道されるかどうかで決まると指摘している。[6] たとえ窃盗罪の嫌疑で逮捕された場合であっても、実名報道がなされたことで、加害者家族が自宅を出て行かなければならなくなったケースもある。また、たとえ一瞬の報道であったしても、現在はインターネットを通じて、即座に被疑者の情報が流出し、一度流出するとそれを消去することは極めて困難な状況もある。

　もっとも、非行少年の場合、少年法61条が、少年審判に付された少年を推知できる報道を禁じており、この規定は少年が被疑者として捜査の対象となっている段階にも当てはまると解されているので、[7] 一見すると、報道によって少年の家族がバッシングを受けることはないようにも思われる。

2. 少年法61条違反の横行がもたらす加害者家族バッシング

　しかし、現実には、少年の実名が報道されなかったとしても、少年の家族がバッシングされる例は枚挙に暇がない。とりわけ重大な事件の疑いを少年がかけられて、少年が逮捕されると、その段階から少年の名前は報道されないにしても、事件に関する情報が大々的に繰り返し報じられることによって、容易に少年本人が特定されてしまい、少年のみならず、その家族までもバッシングを受けてしまうからである。

　このことは、今ほど少年事件が全国的に大きく報じられていなかった時代からすでに当てはまっていた。たとえば、1990年に男児を誘

5　鈴木伸元『加害者家族』（幻冬舎、2010年）12頁以下参照。
6　阿部恭子『息子が人を殺しました』（幻冬舎、2017年）62頁以下参照。
7　田宮裕・廣瀬健二編『注釈少年法〔第4版〕』（有斐閣、2017年）522頁参照。

拐し殺害したとして当時17歳の少年が逮捕され、地元では大々的に報じられた事件があった。この少年の母親は、誹謗中傷に耐えてきたことを新聞記者に告白している。[8]

このような状況は、インターネットを通した急速な情報拡散がなされる現代においては、大きな変化を遂げている。たとえ少年の実名は報道されなくとも、逮捕段階などでの、いわゆる初動報道が大々的になされることとインターネットとの、いわば「合わせ技」で少年が特定されてしまうからである。たとえば、佐世保での女子高生殺害事件がその典型と言える。この事件では、実名報道はされなかったものの、少年の自宅の様子がテレビで報じられ、インターネットのまとめサイトで少年の実名や顔写真がさらされることによって、少年だけでなく、その親まで容易に特定される状況になった。その結果、父親は自殺するに至った。[9]また、川崎男子中学生殺害事件のように、週刊誌が主犯格とされた少年だけを実名で報道したケースもあり、結果として、少年のみならずその家族もバッシングにさらされることになる。

3. 軽微な事件であっても周囲からのバッシングにさらされる

上で挙げた少年事件はいずれも重大なものばかりなので、少年の家族がバッシングされるのは重大な事件に限られるようにも見える。

しかし、軽微な事件であろうとも、少年とその保護者が被害を受ける例もある。

たとえば、警察は、「少年警察活動推進上の留意事項」という通達で、少年についてはできるだけ逮捕を避け、逮捕の執行に当たっても、執行の時機・場所・方法等について慎重に配慮することを定めているが、実際には、重大な事件の疑いがあったわけではないにもかか

8　西日本新聞社編『少年事件・更生と償い　僕は人を殺めた』（西日本新聞社、2005年）6頁参照。
9　日本弁護士連合会他編『第27回全国付添人経験交流集会報告集』（日本弁護士連合会、2017年）32頁、194～195頁参照。

わらず、朝早くから多数の警察官が中学生の少年宅に押しかけて、断りもなく少年の部屋に上がり込んで、寝ていた少年を起こして連行したという事例もある。その結果、少年の保護者はうつ状態になり、少年の家族全員が不安定な心理状態に置かれたと指摘されている。[10]

このように早朝から少年の住居に多数の警察官が押し寄せれば、必然的に、そのことは近所に知られることになる。そうすると、報道はされなくとも、少年の家族が周囲から冷たい目で見られるだけでなく、さまざまなバッシングにさらされるであろうことは想像にかたくない。

4. 非行少年の保護者の現状

以上で見たように、重大事件で大々的に報道された場合だけでなく、軽微な事件であっても、非行少年の保護者を中心とする家族がバッシングを受ける構造がある。

とりわけ非行少年の保護者の場合、非行少年に対する監督不行届きが厳しく非難される傾向にあるように見受けられる。

しかし、非行少年の保護者の直面する問題はそれだけに止まらない。非行少年の多くが保護者などから虐待被害を受けてきたことは、今や、非行少年に関わる少年司法の担い手の間では常識に属するようになった。

そこで、このような事実が知られるほど、非行少年の保護者に対してはより厳しい目線が向けられることになろう。しかし、虐待被害は親から子へ、そしてその子が親になって、またその子どもへと、世代間で連鎖することも知られるようになった。そうすると、非行少年を虐待してきた保護者も虐待の被害者であったという構造も見えてくる。虐待被害体験は、それを受けた者にさまざまな悪影響を

---

10 高松少年非行研究会編『事例から学ぶ少年非行』(現代人文社、2005年)84頁参照。

与えざるをえない。^{▼11}その中に、さまざまな人々とつながるスキルの未発達や、適切な他者に相談し、頼ることができないというものも含まれる。^{▼12}つまり、非行少年の保護者の少なからずは、社会からバッシングを受けても、そこからどう動けばいいのかわからず、途方に暮れ、あるいは、独りでそのバッシングに耐え続けざるをえないという状況にあることも浮かび上がってくるのである。

　たしかに、非行少年の保護者の中には、我が子が引き起こした被害に目を背け、あるいは、被害の隠蔽に走る者もいるとの指摘もある。^{▼13}しかし、こうした保護者の中にも、もちろんに自らがさまざまな被害を受けてきたがゆえに、適切な対応ができずに、このような行動に出ている可能性もある。また、こうした保護者に対して社会からのバッシングがなされたとしても、少年法が期待している役割を果たせるようになるのであろうか？

　残念ながら、このような状況にある非行少年の保護者に、少年法が期待している役割を果たすことができるかは大いに疑問と言わざるをえない。つまり、少年法は非行少年の成長発達に向けて、非行少年の保護者にさまざまな権利や役割を付与しているにもかかわらず、その保護者が機能不全の状況にあるうえに、インターネットの発達によって、ますますその状況は深刻となっている。そうすると、こうした非行少年の保護者を取り巻く状況を変化させるか、あるいは、こうした状況を前提にしても、なお非行少年の保護者に少年法が期待している役割を果たせるようにする取組みを少年法は求めていると言うべきであろう。

---

11 子どもへの虐待が脳の成長に与える悪影響については、友田明美『新版　いやされない傷——児童虐待と傷ついていく脳』（診断と治療社・2012年）48頁以下参照。

12 虐待した親がさまざまなハンディキャップを背負っていたことも少なくない。たとえば、「残酷な父親」のイメージが報じられた虐待親がさまざまな困難に直面していたことについては、杉山春『児童虐待から考える』（朝日新聞出版、2017年）42頁以下参照。

13 鈴木伸元・前掲註5書139頁参照。

少年法から見た
加害者家族支援の必要性

1. 少年の家族へのバッシングを止められるか?

　それでは、少年法が非行少年の保護者に少年法が期待している役割を果たせるようになる前提として、非行少年の保護者を取り巻く状況を変化させることが可能かどうか、つまり、非行少年の保護者を中心とする家族へのバッシングを止めることが可能かどうかをまず検討してみよう。

　すでに見た通り、少年法61条は少年本人を推知できる報道を禁じてはいるものの、重大事件の疑いをかけられた少年について確信犯的に実名報道を行う週刊誌などのメディアが存在するだけでなく、たとえ実名報道がなされなかったとしても、そうした少年の自宅が捜索される場面を映像メディアが報じることを通して、インターネットの発達と相まって、容易に本人が特定されてしまい、それが非行少年の保護者などへのバッシングを引き起こしてしまう。

　そこで、まず、こうしたインターネット上でのやりとりまで法律で規制できるかについて検討してみると、インターネット上でひとたびそうした少年に関する個人情報がさらされると、瞬時にそれが拡散されてしまう状況下では、たとえ憲法21条が保障する表現の自由保障に抵触しない形で法的な規制がなされるとしても、事実上、インターネット上における少年の個人情報拡散がまったくなされないようにすることは極めて困難であると言わざるをえない[14]。

　このことは週刊誌等による実名報道についても妥当する。その背景には、少年法61条が禁じているために、その実名報道を行った雑

---

[14] もちろん、現在、弁護士付添人が少年の個人情報が掲載されているインターネットサイトのURLを一覧表にして削除要請を行い、実際に削除に成功したという事例もある。日本弁護士連合会他・前掲註9書198頁参照。しかし、一瞬であろうとも、個人情報がさらされてしまえば、少年やその家族へのバッシングは可能になってしまう。

誌の発刊差止は法的には可能であるが、そうした少年の保護者が実名報道を行う雑誌を知り、その発刊差止という法的手段を取ることは事実上極めて困難であるという現実がある。というのも、重大な事件であればあるほど、保護者自身がその事件で混乱状態に陥りがちであって、差止という法的手段を取る余裕がないからである。

そもそも、非行少年やその保護者に対するバッシングの中には、名誉毀損や偽計業務妨害といった犯罪に該当する行為もありうる。しかし、保護者がそうした犯罪行為の捜査を求める告訴などの手続を取ることは、差止を求めることと同様に困難であると言わざるをえない。また、たとえ捜査機関がそうした行為についての捜査に着手するにしても、実際に被疑者が特定されるまでには時間がかかることが一般的であろう。もちろん、被疑者が特定されるとしても、それまでに、バッシングはなされてしまうし、処罰もなされないとなれば、犯罪となるバッシングを抑止することもそもそも困難と言わざるをえない。

以上、ごく簡単な検討によっても、少年の保護者を中心とする家族へのバッシングを止めることが極めて困難であることは明らかである。

2. 加害者家族支援の取組みが拓く可能性

上で見たように、非行少年の保護者を中心とする家族へのバッシングがなされてしまう状況を変えるのが容易ではないうえに、たとえバッシングがなされなかったとしても、虐待被害を受けて育った非行少年の保護者は、バッシングを受けた保護者ともども、少年法が保護者に求める役割を果たせないであろうことは容易に想起できる。したがって、非行少年の保護者に少年法が期待している役割を果たせるようにする取組みが、少年法からは求められると言えよう。

そこで、注目されるのは、こうした非行少年の保護者を中心とする家族への支援の取組みである。

たとえば、先述したWOH代表の阿部によれば、加害者家族に対してWOHが提供している支援として、加害者家族の経済的負担を減らすための転居の相談を受け、実際に所有している土地や建物の処分や福祉支援に関する情報提供などの経済的支援、さらには、心理専門家によるカウンセリングなどの心理的支援などが挙げられている。そして、こうした加害者家族支援の意義としては、加害者家族の自殺および加害者本人の再犯を防止することが挙げられている。[15]

　後者を、非行少年に引き付けて言えば、非行少年の保護者を支援することを通して、当該非行少年の成長発達をもたらすことと言えよう。そうした具体例として、阿部は次のような事例を挙げている。ある少年は、中学校後半で校則違反や喫煙などの問題で学校側から注意されることが多くなり、高校入学後不登校となって、昼間から仲間と飲酒やゲームをして過ごすことが増えた上、高校退学後はギャンブルにのめり、家族の金や物を盗み、店でも万引きをするようになったことから、窃盗と住居侵入の罪で逮捕され少年院送致となった。この事例では、少年の母親が、WOHが開催する加害者家族の集いに参加するようになったことを契機に、少年に依存されることに無意識のうちに自己の価値を見出し、自分の望む行動を取るように少年をコントロールしている、共依存状態にあることに気づき、少年との間で適切な距離を保てるようになった。その結果、少年の家族は落ち着きを取り戻し、少年を自立に導く方針を貫けるようになったことが紹介されている。[16]

　このように、WOHの取組みは、非行少年の家族を支援することを通して、少年の家族に落ち着きを取り戻させるだけでなく、そのことが真の意味での少年の成長発達に向けた支援を容易にし、実際に少年の成長発達に役立ったことがうかがえる。

---

15 阿部恭子編『加害者家族の支援の理論と実践』(現代人文社、2015年)17頁以下参照。
16 阿部・前掲註15書126頁以下参照。

さらには、WOHの取組みを通して、少年の保護者による資産の売却もスムーズに進むことも可能となる。そして、それは非行の被害者への損害賠償をも容易にする効果を持つと言えよう。

3. 少年法から求められる早期の加害者家族支援

　このように第三者が非行少年の保護者を中心とする家族を支援することが、非行少年の成長発達にとっても必要不可欠であることについて、阿部は以下のように指摘している。

　　家族は事件の責任を厳しく追及される一方で、更生の支え手としての役割も期待されてきました。つまり犯罪の原因であると同時に、再犯抑止要因でもあるということです。
　　この論理は、事件が起きた原因が家庭環境によるところが大きく、家族も病理を認識し、加害者と家族双方がそれぞれケアや治療を継続している場合に成り立つ論理です。
　　犯罪の原因となっていた家庭が、自然に再犯抑止の場に変化するとは考えにくく、専門家などの第三者の介入が不可欠です。[17]

　こうした阿部の指摘に学べば、非行少年の成長発達のためにも、非行少年の保護者を中心とする家族への支援が早期になされることこそ、少年法が求めていることと言うべきであろう。なぜなら、支援が遅れれば遅れるほど、非行少年の家族へのバッシングから受ける被害が大きくなり、家族への被害が大きくなるほど、非行少年の保護者が少年法から求められている役割を果たすことが困難になってしまうからである。なお、このことは、非行を疑われたに過ぎない少年の保護者についても当てはまる。なぜなら、そのような少年の場合こそ、より早期に弁護人の支援を求めたり、少年が無実であ

---

17 阿部恭子『家族という呪い』(幻冬舎、2019年) 195頁。

ることを司法機関に訴えたりする取組みが必要となる現実があるからである。少年の保護者などへの支援がなければ、少年の冤罪被害を回避するための保護者の取組みがより遅れることになる。それが遅れれば遅れるほど、たとえ無実の少年であっても捜査機関の思い通りの自白を取られてしまい、その自白が簡単に司法機関に信用されてしまう。こうして冤罪被害が発生するにいたる。

　もちろん、非行少年の保護者を中心とする家族への支援が、WOHのようなNPOだけで完結するわけではない。したがって、少年法が求めるこうした者達への支援を行うには、さまざまな専門家との連携も必要不可欠だと言えよう。

少年法が求める非行少年の家族支援に向けた課題

1. 早期の支援に向けての課題

　上で挙げたような、少年法が求める非行少年の家族支援に向けて、WOHのようなNPOの活動を活性化させることはもちろん重要であるが、それ以前に取り組まれるべき課題があるように思われる。

　それは、非行少年ないし非行を疑われた少年の家族がWOHのような組織に支援を求めることができるようにする前提の整備である。たとえWOHが取り組む加害者家族支援が活発になされるにしても、こうした少年の家族が支援を求めようとしない限り、支援を行えないからである。

　したがって、まず必要となるのは、WOHなどのNPO活動の周知である。とりわけ、貧困などのいくつもの困難を抱えている保護者に周知されることが求められる。たとえばWOHに相談してきた加害者家族の多くは有職者で、しかも会社員、公務員、自営業者などで

あり、無職者であっても圧倒的多数は定年退職した者であって、生活に一定の余裕があると推測される[18]。しかも、その半数はインターネットでキーワード検索をかけてWOHのウェブサイトをみずから検索しているとも指摘されている。つまり、加害者家族に対する支援を現実に利用できているのは、一定の生活レベルにある者と考えられる。このような事情に鑑みると、生活に余裕がない非行少年等の保護者が支援機関への相談にたどりつくこと自体が困難であることがうかがえる。相談へのハードルを下げる取組みが求められる理由はここにある。そうした取組みとして、具体的には、たとえば、非行を疑われた少年に真っ先に関わる当番弁護士や国選弁護人、さらには弁護士付添人などが保護者と接する際に、その保護者に対して適切な団体に支援を求めるように勧めることなどが考えられる。あるいは、遅くとも、家庭裁判所に事件が係属した後に、家庭裁判所調査官などが少年の保護者に対して同様の助言を行えるようになることも挙げられよう。

2. 非行少年の保護者に対する視点の転換

　保護者がWOHのようなNPOに相談できる前提条件を整えるという課題を考えるときに、もう一つ必要と思われることは、非行少年の保護者に対する視点を転換することである。

　2000年の「改正」少年法で定められた25条の2の規定からも明らかなように、非行少年の保護者は、非行少年に対する監護責任を自覚させられる客体と位置づけられてきた。わかりやすい表現を使えば、少年による非行の責任は親にもあると考えられてきたと言ってよい[19]。

　しかし、単純にそう言い切っていいのであろうか？　非行少年の

---

18 阿部・前掲註15書13頁参照。
19 精神的に窮地に追い込まれながらも、加害者側であるという意識や社会的立場が、加害者家族をして援助を受け入れにくくしている点については、阿部・前掲註6書165頁参照。

親への責任追及という視点は、非行少年の保護者が支援を受けるなどもってのほかという見方を強化することにつながるように思われる。つまり、こうした見方こそ非行少年の保護者がWOHのようなNPOに相談することを躊躇わせる状況を作っていると言えよう。この状況を放置したままでは、非行少年の保護者がWOHのようなNPOにただちに相談することを期待することなどできない。

　たとえ非行少年を虐待してきた親であったとしても、その親自身が虐待などの手ひどい扱いを受けてきた被害者であったことは稀というよりも、むしろ一般的と言えることが明らかになっている現在では、上で挙げたような、非行少年の非行の責任は親にあるという単純な見方を採ることは妥当ではない。むしろ、非行少年の保護者も、非行少年ともども支援を必要としている者と位置づけられるべきように思われる。

3. さまざまな機関との連携に向けた課題

　先述したように、非行少年の保護者がWOHのようなNPOに相談することができたとしても、WOHだけで支援が完結することばかりではない以上、非行少年の保護者の支援に向けて、相談を受けた機関と、ほかのさまざまな支援機関との連携も図られる必要がある。

　もちろん、この連携は法的根拠に基づくものではない以上、連携の相手方となる人や機関の連携に向けた熱意に依存せざるをえないために、さまざまな困難を伴うことが予想される。しかし、法的根拠に基づくものでないからこそ、連携の相手先と上下関係はなく、非行少年の保護者の支援にとって適切と考えられる柔軟でかつ多様な連携も可能となる[20]。ただし、それを実現していくには、WOHのようなNPOが当該保護者のニーズに合致した支援を行える機関や人

20　非行少年の立ち直りに向けた諸機関連携の在り方については、岡田行雄編『非行少年のためにつながろう！』（現代人文社、2017年）187頁以下参照。

についての的確な情報を入手できるようになることが、まず必要である。さらに、仮にそうした的確な情報が入手できたしても、連携する相手方から当該NPOが信頼されることも必要不可欠である。こうした信頼を得るためには、さまざまな機関との連携を通して、実際に非行少年の保護者を支援し、それが非行少年の立ち直りにつながるだけでなく、さらにはそれを通して非行の被害者にとっても意義あるものとなったという実績が積み上げられ、その実績が周知されていかねばならない。

おわりに

　以上、少年法が非行少年の保護者を中心とする家族への支援を必要としていることを明らかにするとともに、そうしたあるべき非行少年の家族支援を実現していくうえでの課題について若干の検討を行った。

　本稿に対しては、非行少年の家族支援など必要ないという、厳しい意見が寄せられるであろうことは重々承知している。

　しかし、非行少年の家族へのさまざまなバッシングを放置し、非行少年の保護者が無力な状態に置かれたままでは、少年法が保護者に期待している大きな役割を担うことは無理と言わざるをえない。つまり、現実には、多数の非行少年の保護者は少年法が期待する役割を放棄せざるをえなくなり、結果として、非行少年の立ち直り、つまり成長発達は妨げられることになる。非行少年の保護者には、当該非行の原因を作ったと言えるような者も決して少なくはないであろうが、そうした保護者に対して法的に許容されないバッシングを行ったとしても、非行少年を再非行ないし再犯に追い込む危険性を高めるだけで、バッシングを行った者が新たな被害者となるおそれすらある。

もちろん、少年法などが用意してきた非行少年の保護者への特別な地位を奪えば、こうした問題はなくなると言うこともできようが、それでは、保護者に代わって、非行少年の立ち直りにいわば責任を持つ者は誰になるのであろうか？　非行少年の保護者へのバッシングの放置がこのような大きな問題を生んでいることに私たちは気づくべきである。

第3章

少年非行に関する
親の責任についての覚書
——人間の弱さの観点から

宿谷晃弘（東京学芸大学准教授）

はじめに

　少年の非行に対して、親は何らかの責任を負うべきなのだろうか。一般的には、親の責任は当然のこととされるかもしれない。そして、法の領域においても、親の責任が一定程度認められている。たとえば、親が不法行為法上の責任を負うとされる場合もあるだろう。また少年法においても、「家庭裁判所は、必要があると認めるときは、保護者に対し、少年の監護に関する責任を自覚させ、その非行を防止するため、調査又は審判において、自ら訓戒、指導その他の適当な措置をとり、又は家庭裁判所調査官に命じてこれらの措置をとらせることができる」（少年法25条の2）として親の責任を明示するに至っている。[1]

　しかし、世間一般で言われるところの非行少年の親の責任とは、上記の法的責任に止まるものではないだろう。一般的に言って、非行少年の親の責任とは、悪魔を生み、育ててしまった者達に対する世間の怒りのことを指すと言えよう。そして、その感情は広く共有され、少年法の改正をも可能にしたのである。[2]

　本稿においては、人間の弱さに対するまなざしを土台としつつ、

1　後藤弘子「少年非行と親の『責任』——少年法の視点から考える」法律時報76巻8号（2004年）27頁参照。
2　前掲注1論文27頁。

非行少年の親の責任について若干考察していく。ここで、人間の弱さに対するまなざしとは、傷つけられやすく傷つけやすい人間の業に対する倫理的な視線のことを指す。ただし、倫理的といっても、それは理念の高みからの視線を意味しない。それは、免れがたく害に満ちた自他の関係性に対する悲哀の念を基調としつつ、害の諸相を見詰め続ける感性に導かれた態度である。それは、さまざまな認識や知見に対する敬意を携えながら、自他に吹きつける時代の風の中をそろそろと歩んでいこうとする意思でもある。

　以下においては、まず「**人間の弱さへのまなざしについて**」において本稿の基本的視座である人間の弱さへのまなざしについて粗描する［→38頁］。それを踏まえたうえで次に「**害と責任**」において害・ニーズ概念と責任概念について粗描する［→48頁］。そして、「**非行少年の親の責任**」について非行少年の親の責任について若干考察する［→50頁］ことにしたい。

人間の弱さへの
まなざしについて

1. 人間の弱さとは何か

　人間は弱いというのは、ある意味で当たり前のことであろう。そもそも我々は独りでは生きていけない。しかし、集団の中にあっても、我々は常に守られているわけでもない。人間はいつどのような侵害を受けるかわからず、その際、集団はいつも我々を守ってくれるとは限らない。それどころか、集団が個々人を食い物にするということはいくらでもありうる。それにもかかわらず、人間は何らかの集団に所属し、他者とやり取りをしながら生きるしかない。さらに人間を傷つけるのは人間とは限らない。動物、植物、細菌、自然災害等——我々は、いつその餌食になるかわからないのである。ここに

おいて人間の弱さの第一の意味を取り上げることができるであろう。それは、人間は傷つけられやすいということである。

　だが、人間の弱さということで見出されるのは、それだけであろうか。法的な意味で自他に害を与えた経験のある人間は、社会全体からみてそれほど多くないかもしれない。しかし、日常生活の中で、何らかの悪事を行ったことのない人はほとんどいないであろう。そもそも集団に属して生存していくためには、その集団内においてしかるべき位置を占めなければならない。そして、その位置が無条件に与えられることはほとんどないのである。ちなみに、ここに言う位置とは、ただ単に生活の資を得るためのものだけでない。それはたとえば恋人や友人等のように、情緒的なつながりや絆がもたらす心理的資源等を得るための位置をも含む。人間は自己の存在を賭けてこれらの位置を獲得するために、他者を押しのけ、しばしば自分をも傷つける。ここにおいて人間の弱さの第二の意味をも取り上げることができよう。それは、人間は傷つけやすいということである。

　さて、第一の意味の弱さについては、人はこれを比較的容易に実感することができよう。なぜなら、我々は日々の闘争の中で自分を守るのに精一杯であり、自己に対する侵害に敏感になりがちだからである。これに対して、第二の意味の弱さを、人はなかなか直視することができない。日々の足掻きの中で、そもそもそこに目がいかないということもあろう。あるいは、たとえ、自分の悪事を認識したとしても、何らかの根拠によってそれを中和化してしまう。その根拠としては、たとえば、「ほかに方法がなかった」「そうしなければ、こっちが痛手を被っていた」「そもそも相手から仕掛けてきた」「あのくらいだったら相手もなんとも思っていない」「相手もしょうがないことだと思っている」等が挙げられよう[3]。そして、この中和化が第二の意味の弱さを増幅させる要因となるのである。

---

3 *See* Judith N. Shklar, *The Faces of Injustice* (Yale University Press, 1990). p33.

それでは、第一の意味の弱さだけでなく、第二の意味の弱さをも含めた人間の弱さに対するまなざしはどのようなものであり、それはいかにして獲得されうるであろうか。

2. 人間の弱さへのまなざしをめぐる言説について

　上記の問いに対して提起されうるさまざまな回答のうち、ここでは①人類の歴史に基づく知見、②個人の体験や感情等を深く掘り下げることに専念する文学的手法によって得られた知見、③近時の法−政治思想に関する学説、の３点について触れていく。ここで注意しておくべきは、①②の視座は無関係のものではなく、互いに浸透しあっているということである。このことは、下で②の例として取り上げる高橋和巳の評論や夏目漱石の文明論等をみれば一目瞭然であろう。また①の例として取り上げる政治哲学者のシュクラーもただ単に概念や情勢について論じているわけではない。ただ、この小稿においては紙数の関係等からも、話を単純化するために、あえて①②のように分類しておくことにしたい。

⑴　人類の歴史から——恐怖のリベラリズム・不正義の感覚論

　最初に①の知見として、シュクラーの恐怖のリベラリズムや不正義の感覚の議論を挙げることができるであろう。シュクラーは、三十年戦争や第二次世界大戦等の経験を挙げ、それらを通じて恐怖や不正義の感覚が共有されるに至ったことを重視する。

　まず恐怖のリベラリズムであるが[4]、シュクラーにとって、人間は何か高い理念を掲げて人を導くことができるほど、大層な存在ではない。それどころか、人間はともすれば自他を欺き、残忍な所業に手を染めがちである。この認識を前提として、シュクラーは、理想

4　*See* Judith N. Shklar, "The Liberarism of Fear", in Nancy L.Rosenblumed. Liberalism and the Moral Life (Harvard University Press, 1989). 邦訳としては、ジュディス・シュクラー（大川正彦訳）「恐怖のリベラリズム」現代思想（2001年）29巻７号120〜139頁。

の人格をかかげその理想に向かって人類を導くことを是とする希望の党派ということに対して記憶の党派を主張する。記憶の党派とは、人間が犯してきた残酷さの歴史を深く記憶に留め、残酷さの回避と寛容を第一とする思想のことを指す。

　次に不正義の感覚論であるが[5]、シュクラーは不正義の圧倒的な存在感を指摘する。一般的な正義論は不正義を単なる正義の欠如した状態とみなし、不正義を打ち消す正義の原理の追求に躍起になっているが、ことはそれほど単純ではない。不正義は正義の欠如以上の性質を有するのであり、単なる正義の追求は人間の残忍さを助長し、結局不正義を増幅させるに終ってしまう。それゆえ、シュクラーは、たとえ正義の観点からみて正しくないというわけではないとしても、何かがおかしいという不正義の感覚に寄り添うべきだと主張する。

　シュクラーの恐怖のリベラリズムおよび不正義の感覚論は、第二次世界大戦の惨禍を踏まえ、不正義の圧倒的な存在感を指摘し、かつ告発することを通じて人間の傷つきやすさに焦点を当てると同時に、人間の傷つけやすさについても深く認識させてくれるものと言えよう。だが、問題は、恐怖や不正義の感覚はどのように共有されうるのかということである。たとえば、我が国の平和教育において指摘されているように体験の乖離等は恐怖や不正義の感覚の共有を阻害する。第二次大戦等の戦争の体験を経ていない世代、あるいは何らかの深刻な被害体験を有していない人々に対して、恐怖や不正義の感覚への訴えかけは何らの意味をなさないかもしれない。人類の歴史に基づく訴えかけは、一定の限界を有するのである。

(2)　文学的見地から——高橋和巳および夏目漱石の業績

　次に②の知見として高橋和巳や夏目漱石の業績を挙げることができよう。

5　Shklar, note 3.

まず高橋和巳は、シュクラーと同じく第二次大戦の惨禍やその後の混乱を踏まえつつ、あくまで個々人の感情を問題とする文学的実践の見地から人間の弱さを描き出している。高橋は、政治が情勢の推移に応じつつ個々の人間を切り捨てていくのに対して、文学は個々の人間の哀歓に寄り添うものであるとする。[6]高橋は、政治に翻弄される個々人にとって、たとえばベトナム戦争についてあれこれ論じるよりも、「むしろ日々泥土の内に死んでゆく兵士の死骸のみを非政治的にひたすら凝視すること、そしてみずからの無力感と絶望を嚙みしめることのほうが有意義で」あり、それは「そうすることによって、少くとも二つの体制が対立しているゆえに戦われるという戦争の相とは別に、二つの体制が自己自身を保存するために、直接火の粉のふりかからぬ場所とその人民を犠牲にしている今一つの恐ろしい政治の相があきらかになるからである」とするのである。[7]このような観点から高橋は、その作品を通じて個々の人間の葛藤を余すところなく描き出そうとするのである。

　また漱石は、その作品において人間の弱さを鮮明に描き出している。たとえば、その一例として、『こゝろ』を挙げることができよう。『こゝろ』において漱石は、「先生」の独白を通じて、傷つけられやすく傷つけやすい人間の有様を克明に描写している。すなわち、「先生」は叔父に欺かれ、財産のほとんどを失い、同時に故郷をも失ったが、その「先生」が今度は一人の女性をめぐって友人を死に追いやってしまう。これにより、「先生」は他者だけでなく、自分にも「愛想を尽かして動けなく」[8]なってしまうのである。「先生」の葛藤、その弱さは、あまりにも「いたましい」[9]。そして、それを見詰めるまなざしは、「冷

6　高橋和巳「孤立無援の思想」『高橋和巳コレクション5　さわやかな朝がゆの味』（河出書房新社、1996年）40～41頁参照。
7　前掲註6書45頁。
8　夏目漱石『こゝろ』（角川文庫、1951年）264頁。
9　前掲註8書15頁。

たい眼で研究」する類いのものではなく、「人間らしい暖かい交際」を通じて示される「ある生きたものをつらまえようという決心」と真面目さに裏打ちされていなければならないのである。

　高橋和巳や夏目漱石の業績から読み取れるのは、人間の弱さへのまなざしは、ある種の共感に導かれていなければならないということである。人間の本性がどれほどいたましく、どれほど見苦しく、あるいは「悪魔的な面貌」をしているかもしれないとしても、それを見詰めるまなざしは、哀惜の情に満ちたものでなければならない。高橋和巳や夏目漱石の業績は、そのことを伝えているように感じられる。

　もっとも、高橋達の業績にも、あくまでも本稿の課題について言えば、一定の限界はある。いかに個々人の精神に焦点をあて、抽象的な思考ではなく、より具象的な人物たちの有様を描き出してみても、それが訴えかけることのできる人間はやはり限定されてしまう。あるいは、高橋達の業績それ自体にエリート主義だの偽善だのを感じ取る向きもないわけではない。つまり、男や帝国大学等の特権的な地位をまとった個々人たちの、極めて閉じられた関係性や思考に対して苛立ちを感じる者もいよう。たとえば、坂口安吾による漱石批判、つまり、思わせぶりでいたずらに細かいところに目が届くが、しかし、人生の真相については何も触れることができていないという痛烈な批判は、そのことを例証するものである。そして、たとえ訴えかけに何らかの共鳴がなされたとしても、それがどのような色彩を帯びてゆくかは未知数である。とりわけ高橋達の業績は、色濃な厭世観によって彩られているものでもある。その厭世観が人間をどこに導いていくか、自他への攻撃性を増幅させるに終るのではな

10　前掲註8書22頁。
11　前掲註8書22頁
12　前掲註8書146頁。
13　高橋和巳「葛藤的人間の哲学」前掲註6書60頁。
14　坂口安吾「デカダン文学論」『坂口安吾全集14』(筑摩書房、1990年)561～563頁。

いかという懸念も、完全に打ち消すことはできないであろう。

(3) 近時の学説——脆弱性の理論

　それでは、最後に近時の学説として、ファインマンの脆弱性の理論に触れていく。ファインマンは、人間が共有するところの弱さの経験を土台として、それへの視線に基づく法や政治の構想を打ち立てようとしている。

　ファインマンはリベラリズムの自律的な個人という想定を批判する。人はみな傷つきやすい。それゆえ、人間は相互依存性の中に生まれ、生き、死んでいく。この傷つきやすさは、個人ではどうすることのできないものである。さらに言えば、たとえば老いや死は、そもそも人間の手に負えるものではない。[15]もっとも、傷からの回復力は、個々人で異なる。それは、心理的特性や身体的特性だけでなく、たとえばジェンダーや社会階級等によっても左右されるのである。[16]ここに法や政治が介入する余地がある。法や政治は、自律性ではなく、人間の脆弱性と依存性をその前提とすべきであり、そうでなければリベラリズムの理念に反して、著しい不平等を招来することになるであろう。[17]このように、ファインマンは、法や政治に関する理論の中核に脆弱性の概念を位置づけようとするのである。

　ファインマンの議論は、もっぱら人間の傷つきやすさのみに焦点を当てるものと言えよう。だが、その議論は傷つきやすさの諸相を明らかにすると同時に、脆弱性概念の、法や政治に関する理論における位置づけを明確化するものとして参照に値する。もっとも、その視点の限定性ゆえに、ほかの論者の到達点には及ばない点も少なくないように思われる。

---

15 *See* Martha Fineman, "Equality, Autonomy, and the Vulnerable Subject in Law and Politics", in Martha Albertson Fiineman and Anna Grear, *Vulnerability: Reflections on aNew Ethical Fandation for Law and Politics* (Routledge, 2016) p20.
16 Id., pp. 22-24.
17 Id., pp. 17-14.

⑷　小括

　以上の議論からうかがわれるのは、人間の弱さへのまなざしの背後には、何らかの傷の体験が存在するということである。典型的なのは、『こゝろ』の「先生」であるが、たとえば、シュクラーの理論や高橋和巳の業績の背景には第二次世界大戦があり、さらにはファインマンの議論の背景にはジェンダー等に基づく抑圧の（集団的な）体験があるように感じられる。この傷の体験こそが、弱さへの分析的な視線よりも、共感的なまなざしの形成を可能にするのである。

　もちろん、傷の体験は、常に弱さへのまなざしを形成するわけではない。傷つくことへの忌避感は、しばしば人を攻撃に駆り立てる。その攻撃は、ともすれば防御等の域を超え、他者の抑圧や殺戮に繋がりうる。そして、傷の体験が、傷つきやすさだけでなく、傷つけやすさの自覚にまで到達する場合にも注意が必要であろう。夏目漱石の作品に色濃く表れ、シュクラーや高橋和巳の理論や業績からもうかがわれるように、傷つけやすさの自覚は、しばしば濃厚な厭世観を伴いうる。そして、その厭世観は、自分への攻撃に転化しうるのである。言うまでもなく、このことは、『こゝろ』の「先生」に集約的に表現されている。

3．人間の弱さへのまなざしの輪郭およびその問題点について

　以上の議論から、人間の弱さへのまなざしについて、その輪郭と問題点が明らかになったように思われる。まず、人間の弱さへのまなざしの輪郭であるが、それは、「何らかの傷の体験の共有を背景としつつ、人間存在への共感に支えられていると同時に、人間の弱さへの悲哀の情に彩られているところの、人間同士の関係性の構築に向かうまなざし」と言ったものになるであろう。次に、人間の弱さへのまなざしに随伴する問題点として、次の３点が挙げられるように思われる。つまり、❶傷の体験の共有の難しさ、❷共有の効果の限定性、❸自他に対する攻撃への転化の危険性の存在、の３点である。

第一に、傷の体験の共有の難しさであるが、これには情報の欠如等の外部的要因だけでなく、共感性の欠如等の内部的要因が挙げられるであろう。この共感性の欠如には、ただ単に他者の傷の体験に対して共感しないというだけでなく、他者の傷の体験の開示に対する攻撃的反応も含まれる。後者の例として、被爆者の被爆体験の語りに対する挑発的言動や犯罪被害者の被害体験の開示に対する否定的態度等を挙げることができよう。

　共感性の欠如に関して、分析的な視線もある地点までは有効であると言えよう。その地点とは、弱さへのまなざしがもたらす知見が弱さの制御に関する政策に対して有益である地点のことを指す。もっとも、分析的な視線は、あくまで何らかの目的に対して人間の脆弱性を利用するものでしかなく、分析的な視線からみて役立たないとされたものは容赦なく切り捨てられることになろう。それゆえ、傷の体験の共有では、共感性が不可欠ということになるであろう。だが、共感性の欠如に対して、どのような対処がなされうるであろうか。

　社会一般における共感性の向上のための方策として、各種の教育プログラムを活用すべきことは当然のことと言えよう。だが、いかなる方策を投入しようとも、対象者の内面の攻撃性がそのままにされているのであれば共感性は育まれないことは我が国の平和教育においても指摘されてきたことである。[18] それゆえ、共感性の促進に際しては、個々人の傷や不安、怒り等に向き合うことが必要不可欠となる。

　第二に、仮に傷の体験の共有がなされえたとしても、そこで終わってしまい、何らの効果をももたらさない場合がありうることが指摘されえよう。この点については他者の痛みへのまなざしについて透徹した考察を提示しているスーザン・ソンタクやケアの倫理の立場

18　佐貫浩『学校を変える思想——学校教育の平和的原理の探究』（教育史料出版会、1988年）14〜15頁等を参照。

から教育についても数多くの論考を提示しているネル・ノディングスの指摘が重要である。つまり、ソンダクは、第一次世界大戦の戦争体験、その残虐さの、写真による伝達が結局のところ、次の戦争を防止しなかったことを指摘する。[19] さらにノディングスは、ソンダクによるこの指摘を受けて、それが平和教育に突きつける問題点を指摘する。[20] すなわち、平和教育においていくら戦争の悲惨さを訴えたところで、戦争回避に結びつかないかもしれないという問題点である。これらの指摘を踏まえるならば、人間の弱さへのまなざしもまた、ただ単に人間の弱さを凝視するに止まるべきではないということになろう。人間の弱さへのまなざしを無意味なものにしないためにも、それがもたらす知見等を有効に活用できる方策を具体的に示していく必要があるのである。

　そして、第三に自他に対する攻撃への転化の危険性の存在であるが、弱さへのまなざしが、さらなる弱さを引き出しうるというのは、人間の業の深さを実感させられることである。この点について、有効な提案の一つとして、恥のマネジメントの理論を挙げることができよう。修復的司法の中心的理論家の一人であるブレイスウェイトやブレイスウェイトらの理論に依拠しつつ教育分野において修復的な取組みを展開する修復的実践の代表的論者の一人であるモリソンらの示すところによれば、恥の放置は、たとえば引きこもりや自傷行為、あるいはいじめ等、自他に対してさまざまな悪しき結果をもたらすがゆえに、恥の存在を認識し、それを制御することが必要となるとされる。この恥のマネジメントによって、弱さの自覚の、攻撃への転化の危険性も軽減されることが期待されうるかもしれない。もっとも、修復的実践の理論と実践に批判理論の成果を取り込もう

---

19 *See* Susan Sontag, *Regarding the Pain of Others* (Penguin Books, 2003) p15. 邦訳としては、スーザン・ソンタグ（北条文緒訳）『他者の苦痛へのまなざし』（みすず書房、2003年）16頁。
20 *See* Nel Noddings, *Peace Education: How We Come to Love and Hate War* (Cambridge University Press, 2012) pp.149-150.

としているヴァンダリングが指摘するように、マネジメントの視点に固執することによって他者を支配し、コントロールしようとする思考に身をゆだねてしまうことの危険性についても注意が必要となろう。[21]

害と責任

1. 人間の弱さへのまなざしの注目点

　犯罪・非行が発生した場合、視点によって注目する箇所が異なってくることは当然のことである。ここで、注目点の例として、行為の態様、行為者の性質、行為者の責任、被害者の受けた被害、被害者の家族の状況等を挙げることができよう。また視点の例として、被害者学・被害者運動は被害者関係の事項に、少年法関係は少年の要保護性等に、犯罪学は犯罪の原因に、等というように、多種多様なものを挙げることができよう。それでは、人間の弱さへのまなざしは、犯罪・非行のどこに注目するのであろうか。

　人間の弱さへのまなざしが注目するのは、その犯罪・非行はどのような背景から生じ、それによって誰にどのような傷が生じ、その傷に関連して誰がどのようなニーズや危険性を抱えるに至ったか、そしてその傷、ニーズ、および危険性に取り組むために誰がどのようなことができるかということである。それは、たとえばいわゆる責任を追及するというよりは、誰がどのようにしたら傷に取り組むことができるかに注目する。なぜなら、人間の弱さへのまなざしは、誰かが傷ついているという事態そのものに関して、他の視点より敏感だからである。

21　*See* Dorothy Vanndering, "The Significance of Critical Theory for Restorative Justice in Education", *The Review of Education, Pedagogy, and Cultural Studies* (2010) Vol.32, p151.

2. 修復的正義・修復的司法の害・ニーズ概念と修復責任

　この点について、貴重な示唆と実践例を提供するものとして、修復的正義・修復的司法が参照に値しよう。修復的正義・修復的司法においては、まず関係性の観点から犯罪・非行の当事者すべての抱えている害とニーズに焦点が当てられる。この害とニーズには、被害者およびその関係者の抱えるものだけでなく、加害者およびその関係者のそれらやコミュニティの抱えるものも含まれる。また犯罪・非行を契機として発生した害とニーズだけでなく、そもそも犯罪・非行を発生させるに至ったものも含まれる。これは、犯罪・非行は、ある日突然天から降ってくるのではなく、関係性、さらには個々の関係性が絡み合い、衝突しあい、累積していくものとしての社会構造のダイナミズムの中から生起してくるものであり、その解決も、関係性の網の目の中でその変革を視野に入れつつ取り組まれるべきだという考え方を背景とするものである。

　修復的正義・修復的司法は、さらに害とニーズへの取組みに関して、修復責任ということを主張する。それは過去に行った行為に対して外部から強制されて受動的に負う責任ではなく、他者の害とニーズへの共感を土台に、害やニーズの解消に向けられ、対話を通じて具体的に形成されていくところの能動的な責任である。修復責任の根拠は、信仰者の立場からは信仰の共同体、さらに広く言えば被造物としての人類共同体の一員であることから生じるシャローム（神の平和）の実現への義務ということになるであろう。また先住民族の権利を重んじる立場等からは伝統的なコミュニティの一員としてそれを維持・発展させる義務ということになろう。そして、市民の連帯を重んじる立場からは市民社会の一員として市民の自由や権利の進展に貢献する義務ということになるように思われる。

　もっとも、いくら能動的なものであるからといって、修復責任は無限責任とされるべきではないであろう。またその内容についても、

当事者の合意があるからといって責任を果たす者の人権を侵害するようなものは認められない。

3. 人間の弱さへのまなざしと害・ニーズ概念および修復責任

　以上の記述を踏まえたうえで、人間の弱さへのまなざしと修復的正義・修復的司法の害・ニーズ概念および修復責任との関係について簡単に整理しておくことにしたい。

　まず害・ニーズ概念は、人間の弱さへのまなざしにおいてそのまま採用することが可能であろう。とくに害・ニーズ概念を支える関係性への視線は、神ないし共同体の観念を背景にしたものであるという点で若干の相違はあるとはいえ、どうしても繋がっていかねばならないという点で人間の弱さへのまなざしにとっても重要なものと言えよう（もっとも、修復的正義・修復的司法の害・ニーズ概念は、論者や使用される文脈にも左右されるであろうが、傷つきやすさの方に比重があるようにも思われ、その点において人間の弱さへのまなざしとのズレが存在しているかもしれない）。

　そして修復責任に関して、人間の弱さへのまなざしは市民の連帯という観念をより内容のあるものにするであろう。すなわち、ただ単に積極的に参加する市民という抽象的な市民像に止まらず、さまざまな葛藤を抱えつつ、参加することを選択する人間という、より具体的な市民像を提示してくれるのである。

非行少年の
親の責任について

1. 非行少年の親の害・ニーズおよび危険性について

　非行少年の親はどのような害・ニーズを抱え、どのような害・ニーズに対してどのような取組みをなす責任があるであろうか。このこ

とを考える前提として、人間の弱さへのまなざしは、まず非行少年の親の害・ニーズの把握から出発することになろう。なぜなら、人間の弱さへのまなざしは、非難の前に、あるいはその前提として、まなざしの先にいる他者の声を傾聴しようとするものだからである。非行少年の親の害・ニーズとしては、そもそも親自身が、たとえば虐待やいじめ、親の経済的破綻等の傷を負っており、その回復に関するニーズを抱えていることも考えられよう。また、非行発生時、たとえば、収入、健康状態、人間関係等において何らかの問題を抱えていたことも考えられよう。さらに少年が発達障害を抱えている等、親だけでは対処が困難であり、専門家の支援を必要としていた場合も考えられよう。このように、非行少年の親も、過去ならびに非行発生時に、何らかの害やニーズを抱えていたということが考えられるのである。そして、上記のような害やニーズを抱えていようといなかろうと、非行発生によって少年の親にさまざまな害やニーズが発生するのは避けがたいことであろう。次に、人間の弱さへのまなざしは、害によって生じさせられるところの、攻撃性や機能不全等についても注目していくことになろう。たとえば、心理学等の知見が示すところによれば、恥をかかされたという経験は自他の攻撃性を高める危険がある。その知見に従えば、非行少年の親がかかえた恥が親に少年への直接的な攻撃ないし無関心・冷淡さの行動をとらせる危険があるということになろう。したがって、ここで必要とされるのは、非行少年の親のかかえた害の修復であり、盲目的な害悪の付与ではないということは明らかである。

2. 非行少年の親の能力について

　さて、このような害・ニーズおよび危険性を抱えた非行少年の親に、どのような害・ニーズに対してどのように応答することが求められうるであろうか。

　今日、非行少年の親がとくに応答することが求められているニー

ズとして、被害者側および社会の復讐心や防衛本能が第一に挙げられるであろう。もっとも、復讐心や防衛本能に基づく呼びかけにつき、そのすべてに対して、非行少年の親が応答しなければならないというわけではないだろう。非行少年の親自身が上記のような害・ニーズを抱え、支援を必要としている場合、有意義な応答をなすことはそもそも困難でさえある。復讐感情それ自体の正当性はともかくとして、それのみに基づく要求や非難は破壊的ですらありえよう。それゆえ、復讐心や防衛本能に基づく要求は、非行少年の親に対する責任非難の主要な要素の一つとはなりえても、中核的な要素とは決してなりえないのである。

　次に、やはり切実に求められているものとして、生じた物理的・身体的・心理的等の種々の損害の回復が挙げられるであろう。非行少年の年齢によっては親が民事責任を果たすことを求められうるであろう。しかしながら、ここでもやはり非難をぶつける先の害やニーズの問題が出てくる場合があるであろう。

　そして、少年の更生に対する被害者側や社会のニーズへの応答が挙げられよう。これについても世論を背景として少年法に親の責任に関する規定が設けられたことは周知の通りである。非行少年の親が少年の更生に対して責任を果たすべきだという声は至極真っ当なものだとしても、それを受け入れ、応答していくことができない相手にその要求をぶつけても、それは相手方に対して何の効果もないに止まるのみならともかく、相手方を押しつぶすか、さらに悪いことには事態を悪化させる危険もあるかもしれない。

　以上から明らかなように、非行少年の親に対してその害・ニーズを考慮することなく、一方的に非難を浴びせることは政策的にみて妥当ではない。むしろ、非行少年の親が修復の過程に主体的に関与できるようになるよう、国家社会の支援が必要となろう。もっとも、この支援も、非行少年の親に対して、何かを一方的に押しつけたり、「ああしろ」「こうしろ」と言うだけのものではただ単に非行少年の親

を秩序維持のための道具として使用しようとするものにほかならないであろう。それは、結局のところ、介入の短期的・長期的帰結として跳ね返ってくることになる。

3. 社会の責任について

　人間の弱さへのまなざしを土台としつつ責任非難や対応の要請の効果の観点から、非行少年の親の責任について若干考察してきた。しかしながら、ここでさらに社会の側の責任について問う必要があろう。たとえば親に意識的な虐待行為があった場合、親の養育と非行との間に、結びつきがあったと言えるかもしれない。しかしながら、一口に虐待があったといっても、その状況は多種多様であり、虐待の存在のみを捉えて、親に何らかの責任ありというのは早計であろう。たとえば、子どもの側に養育困難な要素が存在した場合、必要なのは社会による親子への支援であったのであり、むしろ虐待の発生、ひいては非行の発生に対する責任を負うべきは社会の側であろう。あるいは、親自身が虐待された経験を有している場合、害の連鎖を断ち切ることなく放置したことにつき、やはり社会の責任が問われることになろう。悪しき連鎖をみずから断ち切れるほど、人間は強いものではない。人間の弱さへのまなざしからは、非行少年の親に対する支援が必要であるという認識は出てきたとしても、彼または彼女らに対する一方的な非難・攻撃は出てこないのである。

　今日、家族こそが子どもの養育を第一に担う社会構造になっていることは事実であるが、そこからただちに親の諸義務が発生するとは言えないであろう。人間の弱さへのまなざしから見れば、そもそも家族自体がそれほど強靭な共同体とは言えない。さらに、たとえば雇用形態の大幅な変化等に代表されるように、経済的・社会的状況の変化の中で家族が脆弱性を増している今日、十分な支援もせずに不都合な点については親に全責任を押しつけるというのは、暴力以外の何物でもない。この点につき、子どもの権利条約が親の養育

責任を中心としつつも、国家社会がそれを支援することを前提としていることは注目に値する。親の責任を問う前に、まず社会がその責任をまっとうする必要があるのである。

以上の記述から、親だからという理由だけで、非難したり、何らかの対応を一方的に要請することは妥当ではないことが明らかになったように思われる。このことは、親が、事実上、非行少年と密接な関係性を有している、ないしは有しうる存在として、害やニーズへの応答のプロセスに参与することを否定するものではない。しかしながら、その参与は、強制的に行われるものではなく、あくまで非行少年の親の害やニーズへの寄り添いの中から生じてくるものでなければならないのである。

おわりに

本稿においては人間の弱さへのまなざしの観点から非行少年の親の責任について考えることを試みた。人間の弱さへのまなざしという視点についても、そこからの帰結についても、いまだ粗描の域を出るものでは、まったくない。諸賢の御教示を仰ぎつつ、今後、一層の精緻化を図ることにしたい。

第4章

非行臨床における加害者家族
——非行のあった子の親にどのような支援が望まれるか

坂野剛崇（大阪経済大学人間科学部教授）

はじめに

子どもが犯罪を起こした。

「まさか子どもがそんなことを！」
「子どもの犯罪とは思えない……」

子どもが犯罪を起こしたとき、その犯罪が重大であればあるほど世間の驚愕は大きい。そして、その子は「恐ろしい子」と好奇の目にさらされ、疎まれる。少年法では、犯罪をした子ども本人（以下、少年という）を特定できる事実や情報の開示は禁止されているが（少年法61条）、ネット上には、氏名をはじめ、住所、学校名が溢れ出す。しかも写真さえ添えられて。さらには、根も葉もない風評が加わり、いかに残忍かという、歪曲され、捏造さえも疑われるようなイメージが拡散していく。

これは、少年本人だけに留まらず、親や兄弟姉妹にも起きる。特に親に対しては、その監督責任を問う声が激しくなり、「親は何をしていたのか」との非難が起きる。さらには「ほったらかしだった」、「激しい虐待があった」など、非難が込められた憶測が飛び交うようになる。これら世間の反応は真実に基づくものはほとんどないと言って

よく、マスコミ報道等によって流される断片的な情報のパッチワークによって、もともと持っている非行少年のイメージを再確認しているに過ぎないことが多い。

　では、子どもに非行があったとき、その家族は、実際どんな体験しているのだろうか。

　本稿では、家族の中でも親 (保護者) に焦点を当て、子どもが非行を起こしたときの親の体験を明らかにしたうえで、親への支援のあり方について検討する。

少年法制における保護者

　保護者とは、少年法では、少年に対して法律上監護教育の義務のある者 (法律上の保護者) と、少年を現に監護する者 (事実上の保護者) をいい (少年法2条2項)、法律上の保護者とは、親権者 (民法820条、818条、819条)、監護者 (民法766条)、未成年後見人 (民法857条)、児童福祉施設の長 (児童福祉法47条) 等を指す。また、事実上の保護者とは、事実上親代わりに監護している者で、住込み就労先の雇主、寮長、里親、継父母、同居している親族等のことである。

　少年法制における保護者の地位は、刑事裁判と異なる。裁判所は、保護者に審判への出席を求めなければならず (少年審判規則25条2項)、保護者は、付添人選任権 (少年法10条1項)、抗告権 (少年法32条)、審判出席権、意見陳述権 (少年審判規則30条) 等が認められている。これらのことは、保護者には、自分の子どもの権利、利益の擁護者として少年審判に主体的に関与する役割が期待されているといえる。

　また、保護者には、子どもの監護を期待されている。少年法 (25条の2) では、「家庭裁判所は、必要があると認めるときは、保護者に対し、少年の監護に関する責任を自覚させ、その非行を防止するため、調査又は審判において、自ら訓戒、指導その他の適当な措置をとり、

又は家庭裁判所調査官に命じてこれらの措置をとらせることができる」と定め、「保護者に対する措置」を明文化している。そして、具体的には、非行事実（事件）の重みや重大性を認識させたり、被害者の心情に思いを至らせ、償いの方法を考えさせたりすることや、再犯防止のための問題点に気づかせて、処遇へ動機づけることなどが想定されている。[1]

　こうした保護者への措置は、矯正教育においても同様で、少年院法（17条、17条2項）では、保護者には「少年である在院者・在所者の権利・利益の擁護者という立場のほか、少年施設がその収容している者に対して行う処遇への協力者という立場」、「少年施設の長が指導、助言等の保護的措置を行う際の働き掛けの対象という立場」があるとされている。[2] 同様の規定は、保護観察について定めた更生保護法（59条）にもあり、「保護観察所の長は、必要があると認めるときは、保護観察に付されている少年の保護者に対し、その少年の監護に関する責任を自覚させ、その改善更生に資するため、指導、助言その他適当な措置をとることができる」と定められている。

　このように少年法制において少年の保護者は、子どもが非行をした原因の一つであり、今後保護者自身も改善が求められるという捉え方をされている。また同時に、少年の再犯抑止の協力者であり、家庭を少年の更生の場として構成する役割も期待されている。すなわち、少年法制は、保護者には「原因として家族」と「抑止要因・更生の場としての家族」の2つの側面があるとしているのである。

　しかし、望月嵩は、保護者にはこの2つに加えて「被害者としての家族」という側面もあると述べ、保護者を、犯罪の加害者側の範疇にいながらも、二次的に被害を受け、ケアを受ける権利を有する「主体」

1　安倍嘉人・西岡清一郎『子どものための法律と実務——裁判・行政・社会の協働と子どもの未来』（日本加除出版、2013年）。
2　法務省矯正局編『新しい少年院法と少年鑑別所法』（矯正協会、2014年）。

として尊重される者と捉えている。[3]

少年の保護者の実情

　前節で述べたように、少年の保護者は、非行の原因、再犯抑止・更生の場、被害者という立場があるといわれている。では、実際に子どもに非行行為があった親は、どのような体験をしているのだろうか。

　筆者がインタビュー調査を行った3人の保護者の声から検討してみたい。

　インタビューに応じてくださったのは、いずれも、かつて非行のあった子どもを持つ40歳代の実母である。3人の保護者は、それぞれ次のような方である。なお、プライバシー保護のため、本質を改変しない限りにおいて変更を加えている。

　　　Aさん　　子ども、夫との3人暮らし。子ども (男) には、無免許運転、薬物乱用があった。
　　　Bさん　　子どもとの2人の暮らし。子ども (男) に家庭内暴力 (母への暴力) があった。
　　　Cさん　　子ども、実父母との4人暮らし。子ども (男) は仲間と傷害事件を起こした。

　3人の母親のインタビュー結果からは、次のことが浮かび上がってきた。

3　望月嵩「犯罪者とその家族へのアプローチ」犯罪社会学研究14巻 (1989年) 57〜69頁。

1. 親の監護不足を非難される

「親がしっかりしてないからそんなことになるんだみたいなことを言われたりね。甘やかすから悪いとか厳しいから悪いとか言われるし、どっち？　みたいな」

「親が悪い、親が悪いってこう、ね、いろんな人から、まぁ否定されて……、私が離婚したからダメなんだとか言われたり、再婚したからダメなんだとか言われたり、もうどうだったんだろうかって、わかんなくなる一方で……」

「親からも、あんたの育て方が悪かったんじゃないのとか、仕事しているからじゃないの？　みたいなことも言われるし」

「おばあちゃんも（自分の親）も、精神的に不安定になって、『もう、相談してこないで』、『あんたから電話がかかってくるともう動悸がするの、電話してこないで』とか言われて、もう相談したらダメなんだなって……」

　親たちは、まず子どもが非行を起こした原因とみなされ、子育ての仕方が悪かったという非難を浴びる。そしてそれは、子育てのみならず、親自身の生き方や生活スタイルにも及ぶ。非難には、ひとり親だから監護が不十分だったのではなかったのかという話があったり、再婚したのが悪かったのではという話があったりする。また、仕事をしていることで子どもに目が十分届かなったのではという内容もある。これらは、いずれも特に根拠があって言われているわけでない。ひとり親の子どもや、親が再婚した家庭（ステップ・ファミリー）の子どもがすべて非行を起こすわけではないし、まして、母親が就労している家庭の子どもがすべて非行を起こすわけではなく、これ

らの非難に確かな根拠はない。子どもに非行があったという結果から、種々のことがそれに結びつけられる形で、いわば、粗探し的なものとして、原因に言及される。

　親たちは、当然であるが、自分の子どもに非行をさせようと思って子育てしているわけではない。子どもの非行の原因が自分でも思いつかず困惑する。そして、相談相手を求めるが、実際は、周囲のさまざまな人たちからさまざまなことを言われ、しかもそれらには、真逆の内容もあるため困惑の度をいっそう増す。

2. サポートを得られず、孤立する

　「家のことも先生にもすごい相談したし。でも、もう本当、先生は取り合ってくれない。あとはサポートセンターとか、なんとかの家庭センターっていうのに行ってくれって言われて終わりというか、もう、なんせ、よそに投げるっていう感じかな、先生は」

　「いろんなところから『親が何とか頑張って』とか、『親がしっかりして下さい』とか言われるだけで……」

　「話を聞いてくれる友だちはいるけど、『どうしていいかわからない』とかね、やっぱり言う方も気を遣うし、相手に気を遣わせるし……」

　「警察？　児童相談所だったかな、そういうとこに相談行ったこともあるんですよ。でもね、（担当の方は子どもを）『ここへ連れてきてください、説得しますから』みたいな。そんなの行くわけないじゃないですか。そんな来れる子だったらこうなってないって話じゃないですか。どこ行ってももうそんな感じなんですよね。だから本当の専門家につながれないっていうか。どこも頼

るところがないみたいな感じ」

「相談するとこがないっていうか、親に話をしても話すだけで、アドバイスとかあるわけじゃないし、当時は、学校の先生に話しても『そう言われてもね』って感じでらちが明かないというか、協力的じゃないというか。先生が上で子どもが下っていう感じで注意するだけで……。ちゃんと相談するとこなかったですね」

　専門機関や担任教諭に窮状を訴え、すがる気持ちで相談するが、適切な対応をしてもらえず落胆する。これらの発言の口調からは、今なお憤りを感じている様子さえ感じられ、落胆の気持ちは大きい。また、自分の親、友人など周囲の人に対して、子どもの非行に関して周囲に相談したり気持ちを吐露したりするが、期待する程に対応してもらえることは少なく、拒否されることさえある。また、相談したい内容が「非行」という、どこか後ろめたさを伴うものだけに、相談された相手の心理的負担も考慮し、相談すること自体に消極的にならざるをえなくなることも生じる。これらにより、現状を理解してくれたり十分に応えてくれたりしてくれる対象を得られず、孤立した状態に陥る。そして、そのため、今後の監護のあり方など、現状を打開するための子どもへの対応の術を得る機会をみずから狭めてしまうことになる。

3. 自責の念に苛まれ、自信を喪失する

「子どもがそういうのになるとまず自分を責めますよね。で、周りからも責められる。親が悪いからそうなった、親が何とかしろみたいなことは言われますし。で、それでも、もがけばもがくほど悪い方向に行ってしまうっていうのに、やっぱ嵌ってしまうんですけど、うん。もう自分で自分を責めて、もう悪循環に嵌ってしまうので」

「自分がこのやり方で正しいとか思ってたっていうことが崩れ
　去っていったっていうか、その、すごく思い知ったっていうか」

「子どもと話をして、子どもに言われて、自分がしてきたことを
　こんな風に思ってたんだとか初めて知って、私がダメだったん
　だ、子どもにごめんねって、自分を責めることにまたなってし
　まって、それから、それでプチンと切れたみたいに、もうその
　日から２日間ぐらいやったんですけど、私どうしたらいいだろ
　う、どうしたらいいんだろう、としか言えないんです。なんか
　口が、独り言ばかり……」

　「1．親の監護不足を非難される」で触れたように［→59頁］、親たち
は、自分の子どもを、非行をするように育てているわけではない。
にもかかわらず、子どもが非行をしたということで、それまでの子
育てのあり方に〝否定〟を突きつけられたような体験をする。しかし、
それを受け入れることは難しく、「もがく」と表されたように試行錯
誤を繰り返す。ただし、それは、子どもの行動の改善にはつながらず、
むしろ親子関係をさらに悪化させることになっていくこともある。
そのために、自分の子育てに対する疑念を膨らませざるをえないと
ころに追いやられ、自責の念を強めたり、強烈な自己否定感が生じ
たりすることになる。
　こうした中、子育てへの親自身の思いと、それに対する子どもの
受け止め方のズレを認識するようなことがあると、「プチンと切れた
みたいに」と述べたように、それまでとの連続性を断たざるをえな
くなる。すなわち、子育ての方法ではなく、子育てに対する考え方
そのものの転換を迫られることになるのである。ただ、そのことを
自覚したとしても、今後どのようにすればいいのかということにつ
いては途方に暮れるばかりの不安定な状況が続く。

4. 監護の目を眩ます〝社会通念への囚われ〟

「正論でやっぱりがんじがらめになってたし、もうずっと、息子を否定し続けてたと思いますね」

「やっぱり、『ほら、ご覧、ひとり親だからこうなった』って言われたくないっていうのがどこかであって。うん、厳しくはしてたかもしれないですね、うん」

「何か、やっぱり、その、どうしても高校に行ってもらいたいっていうのがすごくあって。ずっと『高校呪縛』はあって、高校生をみるとうらやましくて、ずっとそういうのをひきずって」

「もう必死ですよね。高校だけは出とかないといけないっていうのが私にもあって、もう毎日のように取っ組み合いのけんかになって、行く、行かない、みたいな」

「こっち（親）は（高校を）受けさせたいけど、向こう（子ども）は、もう『受けない』って暴れて。もう、そのときもすごい暴力で。結局、もう行かないっていうことで。で、もう私から先生に、『もう受けません』ってことで連絡を入れて。何か、もう、本当につらかったですね。ああ、これでもう、どうするんだろうかなっていう……」

「（自主退学することになって）ここまでしたのにって感じもあるし。高校ぐらいは卒業してほしいっていうのもあるし、これまでずっと、いろんな習い事や塾とか、してきたのに。……なんだったんだろうなと」

いずれも親が子どもの将来等を見据えて助言・指導しようとしているもので、それ自体否定されるものではない、というより親として当然のものである。しかし、これら発言の背後には、ひとり親の家庭であることへの親自身の負い目、正論という社会通念から外れることへの引け目、学歴に対する意識といった社会通念に照らして、そこに沿っていない子どもの現状を受け入れがたいという心理的な抵抗がある。特に学歴に対する意識は強く、「高校呪縛」という言葉で高校卒業へのこだわりが語られたように、最終学歴が中学卒業、高校中退になることに、世間の目に対する意識が滲んだ親自身の不安が反映されており、何とか〝人並みの生活〟へと軌道修正を図ろうとする。ただ、これは、子どもからは、親の都合と捉えられて反発されるだけになりがちとなる。

　ただし、これらの発言がなされたように、こうした社会通念への囚われは、非行をめぐって子どもと向き合うなかで相対化され、自問が繰り返され、〝観念的な呪縛〟から解放されて〝現実〟の子どもに即した対応をするようになっていく。

5. ピア・サポート体験で得る心情の安定と前向きな気持ちの回復

　インタビューに応じてくれた３人の親はいずれも、当事者が運営している非行や問題行動のある子どもの親のピア・サポート・グループに参加している。このグループ体験について以下のように述べた。

　　「それまで親が悪いって、いろんな人から否定されて。もう自分で自分を否定して。あの、何ていうかな、『ここ（グループ）ではもう否定しないです、言いたくなかったら聞くだけでもいい』ですって言われて。何かすっごい楽になりましたね、気持ちが」

　　「よく今まで頑張ってこられましたねみたいな、そんな言葉って掛けてくれないじゃないですか誰も。それでここ（グループに）来

たら自分のこと責めなくていいんですよって、よく頑張ってこられましたねって言ってもらって。何かホッとしたみたいなね」

「やっぱり、同じ立場でなかったら本当にわからないことってあると思うんで。ここで元気もらって。こういうことを経験してきた人たちで話ができることもあるので」

「(自分の話に)『わかる、わかる』とか『うちもそうやったよ』って言ってくれる人がいるので、そういう人がいると思わなかったんですごく嬉しかった。ホッとしました」

「具体的な対応方法とかね、教えてもらってたので、それはね、役に立ちましたよね」

「子どもも不思議と同じようなことをみんなしでかすんですよね。だからこんなときはこう対応したらいいとかいうのは、いろんなこと、いろんな方が同じことを言われてて。だから自然に受け入れられたし……」

「他の人から聞かれてもシャットアウトしてしまうところがあったりします、何となく。やっぱり経験した人の話っていうのは、すっと落ちて、聞こうとする意識が働くというか……。やっぱりちょっとね、専門家の話になると、ちょっと何となく耳がふさがってくるところが無きにしもあらずで。やっぱり経験した人のことっていうのは、何かスーッと入ってきて……、聞こうとする意識も働くのかな」

　ピア・サポート・グループでは、子どもに非行がある親という同じ境遇の人が、自分の体験や想いを語り、他の人の体験や想いを聞く。

また、サポーティブな姿勢を保ちながら、他の人の話から連想されたことも自由に話す。

　内容の細部には個別性があるものの、グループで親たちは、互いに似た体験、同じ苦労、苦しみを分かち合う。また、他の人の体験を自分の体験等と照らし合わせ、共感的に受け止める。こうした体験をすることで同朋を得、孤独と孤立が緩和され、気持ちが安らぐ瞬間を得る。そして、この体験によってエンパワメントされ、「元気」へとつながっていく。

　また、話される体験の中には、実際に行われた具体的対処も含まれ、これが相互に監護の大きなヒントになると捉えている。しかも、その内容が実情に即した話から出てきているものであるために信頼性が高いと感じられ、スムーズに受け入れられていく。

　なお、これは、「専門家の話」と対比的に語られている。このことから考えると、専門家の話は、「〜すべき」というような正論ではあるが、必ずしも実情には即しない話で、しかもそれが説教じみたものと感じられて、受け入れがたいと捉えられているといえる。

少年事件加害者家族の支援

　ここまでの検討結果を踏まえて、少年事件の加害者家族の支援の課題とあり方について考察していく。

1. 非行行為のある子どもの親の体験

　ここまで3人の親の話を手掛かりにみてきた非行行為のある子どもの親の体験を整理すると次のようになる。

　非行のある子どもの親は、社会通念による〝まっとうな子〟へという、世間の目を意識した対応への囚われがあり、子育ての失敗感や子に対する自責の念を抱く。このような状態について、対応の協力

者を得られなかったり周囲から非難を受けたりすることで孤立感を持つ。この状況で、監護は、孤軍奮闘する形となるため、親が持っているこれまで同様の価値観や希望を一方的に押しつけがちとなる。子どもの将来や幸せを願ってのことではあるが、それが子どもの反発に遭い、さらに子どもの問題行動が拡大することに繋がることが少なくなく、悪循環に入り込む。そして、子どもの監護について暗中模索の状況が続く。

ピア・サポート・グループに参加することで、同様の体験をした人たちと苦労を分かち合うこと、他の人の話を聞いて自分の体験を相対化して捉えることができるようになり、情緒の安定を得るとともに、新たな対応への模索へと歩み出せるパワーを得ていく。

なお、今回話をしてくださった方々は、いずれも働き盛りであるとともに家計が増大する時期で、自らの仕事のことで多忙であった。また、病気・介護等、自身の親の問題も重なる時期でもあった。さらには「中年期危機」として、人生への迷いや今後の生き方など、自らの発達課題と向き合い始める時期であり、これらライフサイクル上の課題によって、子どもの非行行為やそれによる生活上の問題への対応が困難になるところもある。

2. 非行行為のある子どもの親支援の課題

非行行為のある子どもの親は、上述してきたように、子育てを巡って打ちひしがれ、もがき苦しみ、暗中模索で不安の状態にあり、冷静に状況を見つめ直し、建設的に今後に向けた検討をできる状態にない。捜査、審判といった少年審判手続に乗った場合、少年事件に掛かる諸機関は、早期に監護者として機能を発揮することを求め、そのための指導や措置を施そうとする。しかし、ここまでみてきた親の状況からは、それらを早急に求めるのは難しいといえる。親に法律上監護者としての責任があり、諸機関が親にそれを求めるのは当然である。しかし、親が個人として人権が守られ、幸福な生活を

送ることができるようになるため、ひいては、監護者としての役割を十分に果たしてもらうためにも、まずは、親に対して、ダメージを受けた被害者としての側面を支援することが必要である。

　この点に関する支援が発揮されているのは、今回の話をしてくださった方々が参加しているピア・サポート・グループのみといってよく、非行行為のある子どもの親のこうした実情に即した支援体制が十分に確立されていないことは、少年事件の加害者家族支援の課題の一つである。

3. 非行行為のある子どもの親への支援

　インタビュー結果にみてきたように、少年事件の家族は、子の監護に関する責任を自覚している分、子どもに非行があると、自責の念を強め、心理的な挫折を味わっている状況にある。そこで、まずは、この心理的な負担感を軽減し、監護意欲の回復の基礎となる家族自身の心情の安定とエンパワメントが必要であり、それを視野に入れた心理面への支援が必要である。

　特に、孤独感・孤立感が軽減し、また、視野狭窄気味に囚われがちな過度の責任感の荷下ろしができ、これまでの社会通念に囚われた子育て観から脱却して、自分の子どもの状況に合わせた子育ての構えが再構築できるようにすることが肝要となる。これができるようになるためには、これまで周囲に話せなかった子どもの問題を言葉にし、それを共感的に受容される体験が得られる場と時間を確保することが大切となる。

　また、少年事件手続に乗った場合には、法的な手続への対応を求められることになる。しかし、多くの家族は、それまでそれらに縁がなく、法律用語の理解はもちろん、手続の流れについて十分な知識を持っていないことが多い。この渦中では、周囲に振り回される感さえあるようで、さらに不安を高めることになっている。こうした点へのサポートは不可欠であり、法的手続の知識を付与しながら、

先を見通した行動ができるようにしていくことも必要である。

おわりに

　冒頭で、非行行為がある子どもの親には、原因、更生の場、被害者といった3つの側面があると述べた。ただ、この3つの側面は、個々に独立したものでもなければ単に並列しているものでもない。本稿で触れたように、これらは、一人の人、一つの家族に同時に内在しているものであり、実際は互いに関連し合っている。少年事件の家族の支援を適切に行うためには、これら3つの側面を含めた家族自身の体験がどのような構造なっているのか、そして、それが何によってどのように変化していくかといったプロセスを詳細に分析する必要がある。今後は、この点を十分に検討したうえで、より有益な支援のあり方を考えていただきたい。

[謝辞] 多忙な中インタビュー調査のご協力いただきました方々に深謝申し上げます。

本稿は、科研費（18K02137）の助成を受けた研究成果の一部である。
[付記]本稿は、日本犯罪心理学会第58回大会（於　日本女子大）での発表を大幅に修正したものである。

〈参考文献〉
○　伊藤智樹『ピア・サポートの社会学——ALS、認知症介護、依存症、自死遺族、犯罪被害者の物語を聴く』（晃洋出版、2017年）
○　鎌田隆志「更生保護法の解説——少年事件に関連する規定を中心として」家庭裁判月報59巻12号（2007年）45〜100頁。
○　坂野剛崇・佐藤仁孝・藤田祐介（2019）「犯罪加害者家族に対するサポート・グループ活動の意義と課題——参加者へのインタビュー調査の質的分析から」司法福祉学研究19号（2019年）65〜80頁。
○　生島浩『非行臨床における家族支援』（遠見書房、2016年）。
○　特定非営利活動法人非行克服支援センター『何が非行に追い立て、何が立ち直る力となるのか——「非行」に走った少年をめぐる諸問題とそこからの立ち』（新科学出版社、2014年）。

第5章
少年事件における
多職種連携の意義

鴨志田祐美（弁護士）

はじめに——私と少年事件

　私は、鹿児島で、いわゆる「町医者的弁護士」をやっている。離婚事件、民事事件、破産、交通事故、会社訴訟……さまざまな事件を抱える中で、いつも思うのは、「弁護士だけで解決できる問題は、ごくわずかである」ということである。とりわけ、少年が加害者となってしまった事件では、さまざまな職種の大人たちが、網の目のように繋がって少年本人とその家族をサポートしていかなければ、本当の意味での「解決」——少年を社会に帰し、そこで責任ある大人として幸せな生活を営むというゴールに到達すること——は難しい。

　私が弁護人、付添人として活動した少年事件で、特にそのことを痛感したケースを紹介したい。

事件発生から
少年審判まで

1. 事案の概要

　事件は2012年の暮れに発生した。発達障害を抱え、自宅に引きこもっていた19歳の少年Aくんが、自室で漫画本などの入ったプラスチック製衣装ケースとベッド下の引き出しに灯油を撒いて火をつけ

たところ、炎が周囲に燃え広がり、自室を含む自宅家屋の2階部分が焼けてしまった、というものである。

　Aくんは、自宅の庭に避難し、そこで呆然と立ちつくしていたところを逮捕された。被疑事実は「現住建造物等放火罪」(刑法108条)、逆送(検察官から家裁に送られてきた事件を、家裁から再び検察官に送り返して大人の事件と同じ刑事裁判にかける手続)になれば裁判員裁判というおおごとになってしまう事件だった。

　ところが、勾留されたAくんの接見(面会)に行った被疑者国選弁護人(伊藤俊介弁護士)は途方に暮れた。アクリル板の向こうのAくんは下を向いたまま顔を上げず、伊藤弁護士の質問に小さな声でボソボソと答えるのだが、聞き取ることができない。伊藤弁護士は、横顔にアクリル板の穴の痕がつくほど耳を押し当てて、ようやく彼の言い分がわかった。

　彼の言い分は、

　　いらなくなった漫画を捨てるよう親から言われたので燃やしただけ。家が燃えるとは思ってもみなかった。

というものだった。

2. 被疑者段階で繋がったH教授

　勾留から3日後、2人目の国選弁護人に選任された私も、早速少年に会いに警察署におもむいた。3日間でAくんとの会話に少し慣れた伊藤弁護士が、いつものようにアクリル板の穴に耳を押しつけ、Aくんから趣味の漫画やゲームの話を聞き出すことに成功していた。そして、事件のことを聞くとAくんは「いらなくなった漫画を捨てるよう言われて燃やしただけ」を繰り返した。年末年始をまたぐ勾留期間だったが、私たちは大晦日も、元旦も、毎日少年に面会に行った。取調官が「むしゃくしゃしてたから火をつけたんだろ。家が燃えち

まってもかまわないと思っていたんじゃないのか？」というような質問をしても、決して「はい」と返事したりうなずいたりしないように、とＡくんを励まし続けた（大晦日の勾留延長決定に対して即日準抗告し、元日付けでに勾留延長を短縮する決定も得た）。

　その一方で、私たちはＡくんの生い立ちや障害の特性を知るためにＡくんのご両親に詳しく事情を尋ねた。お父さんもお母さんも公務員で、事件に衝撃を受けながらも私たちへの協力を惜しまなかった。Ａくんが子どものころに描いた絵、成績表、通院先のカルテやカウンセリング記録など、たくさんの資料を提供してくれた。ご両親は、もともとは成績もよく、友達づきあいもできていたＡくんが、徐々に成績が落ち、人とコミュニケーションを取るのが苦手になり、学校に通うことができなくなっていく姿に戸惑っていたという。発達障害の診断を受けたのは高校に入ってから。鬱など二次的な精神症状もあり、投薬治療を受けていたが、Ａくんには強いこだわりがあり、医者から複数の薬を処方されても、本人が「これが効く」と思う薬しか飲まない、といった面もあるようだった。

　発達障害といっても、その特性は人によって大きく異なる。彼の「部屋の中で灯油を撒いて火をつけたけど、まさか家が燃えるとは思ってもみなかった」という言い分は一般人にはにわかに信用しがたいものだろう。これを彼の障害の特性だと捜査機関に納得させるためには専門家の助言が必要であると考えた私たちは、あちこちの伝手をたどるなかで地元大学院の教授で臨床心理士のＨ教授と繋がった。Ｈ教授は、事件前からＡくんとのかかわりがあり、彼のコミュニケーション障害やイマジネーション障害の実情をよく把握していた。たとえば、ある人が「Ａくんは口が堅いか？」という慣用句を使って質問したところ、Ａくんは自分の唇を触って「固いかどうか」を確かめたという。Ｈ教授は検察官からの事情聴取に応じ「発達障害があると、いらなくなったものを処分したい一心で、家の中で灯油をまいて火をつけた場合、その行為によって家自体が燃えるかもしれな

いという、一般人であれば誰でも予想できる状況を予想できないことはありうる」と説明してくれた。

これにより検察官はAくんを家裁に送致するにあたり、逮捕勾留時の被疑罪名だった「現住建造物等放火罪」(家を燃やす、という「故意」がなければならない。法定刑は死刑、無期もしくは5年以上の懲役)から、ずっと軽い「建造物等延焼罪」(刑法111条1項。何かを燃やした結果、建物に延焼した場合に成立する犯罪。3月以上10年以下の懲役)に落とした。

3. 家裁送致後の「繋がりの広がり」——家裁の人びと

家裁送致段階で、私たち弁護人は、審判を担当する裁判官が観護措置決定手続のため少年と会う前に、まず我々と面談してほしい、と申し入れた。Aくんの障害や特性(特にコミュニケーションが極端に苦手な点)を事前に伝えることで、Aくんがぶっきらぼうな態度を取ったときに「反省がない」などという先入観を持たれないようにすることと、彼の立ち直りに向け方向性を共有したいとの思いからだった。

裁判官は私たちの申入れを受け入れ、何と裁判官のみならず担当調査官2名、担当書記官が揃って面談に応じてくれた。そしてこのとき、全員の間で「Aくんを福祉や医療に繋ぎ、障害に対する適切な支援のもとで更生を目指す」というあるべき方向性を共有できたことが、審判、さらには審判後のAくんを支える諸活動の礎となった。

観護措置決定後、家裁でのカンファレンスは合計5回を数えた。すべてのカンファレンスに、裁判官、調査官、書記官、私たち付添人(少年審判手続になり「弁護人」から「付添人」になった)が同席した。このカンファレンスの中で、私たちは、「少年審判という手続をいくら口頭で説明しても、想像力にハンデがあるAくんには理解できないのではないか」「審判廷という非日常的な空間で、見知らぬ大人たちに囲まれたAくんがパニックを起こし、発言できなくなってしまうのではないか」という懸念を裁判官に伝えた。すると裁判官は、審判廷のどこにどのような役割の人が座っているかを図で示し、どんな順

序で審判が進んでいくかを箇条書きにしたA4用紙1枚の書面をみず
から作成してくれた。私たちはその書面を携えて、少年鑑別所にい
るAくんと面会し、その書面を見せて示しながら、少年審判の流れ
をひとつひとつ説明した。

　これが奏功して、後述する2回の審判に臨んだAくんは、落ち着
いて自分の言葉で事件を振り返り、今後はきちんと治療して大学に
復学したい、との希望を述べることができた。

　また、カンファレンスでの最大のテーマは、Aくんの立ち直りの
ための環境を整えること、すなわち、福祉や医療のサポートが受け
られる場所を見つけることだった。われわれ付添人は当初、審判で
は保護観察を求めることを前提に、自宅から通所できる施設に繋げ
ることを検討した。しかしAくんの放火により、自宅は2階部分が
ほぼ焼失していたこと、両親がともに公務員で昼間は仕事で不在で
あることから、このままAくんを自宅に帰す、というわけにはいか
ない状況だった。事件の直後には、Aくんの妹の高校入試が控えて
いた。受験を目前にした時期に、Aくんの放火によって教科書も参
考書もすべて灰にされてしまった妹さんが、兄に拒絶的な感情をも
つことも当然理解できた。Aくんの家族は「被害者」であり「加害者
家族」でもある、という葛藤の中で、障害のあるAくんを何のわだか
まりもなく即座に受け入れることは、やはり難しいのではないかと
感じた。

　そこで私たちは、Aくんを一定期間居住型の施設やグループホー
ムに入所させることが可能か、まずH教授に相談した。しかし、鹿
児島県下には発達障害をもつ成人向けの居住型施設はなかった。知
的障害をもつ成人向けのグループホームはあったが、Aくんは知的
能力に問題はないため、知的障害をもつ他の利用者との共同生活に
馴染めない可能性も否定できなかった。Aくんの両親も熱心に受け
入れ先を調査し、県外の、寮のあるフリースクールなどの情報を得
たが、自宅を離れて見知らぬ少年たちと寮生活をすることについて

は、Ａくん自身の抵抗が大きかった。

　審判期日が近づく中で、なかなかＡくんの受け入れ先が決まらず、私たちが焦り始めたころ、いつもカンファレンスで同席している担当調査官から連絡があり、関連諸機関に照会をかけていたところ、Ｘ県の保護観察所から情報提供があり、同県には、思春期発達障害専門の外来と入院病棟をもつ精神科のＫ病院があるとのことであり、そこに短期間入院させてみてはどうか、とのことだった。すぐにご両親がＫ病院に見学におもむいたが、その段階ですでに審判数日前という状況であり、審判日までに同病院に確実に入院というところまでもっていくことは不可能だった。

　そこで、第１回の審判ではあえて試験観察とし、試験観察期間を利用してＡくんにＫ病院を受診してもらい、入院加療が可能かを見極めた上で終局審判をするという異例の対応が決まった。結果として、試験観察中にＡくんがＫ病院に入院する運びとなり、2013年３月、第２回の審判で、Ａくんを２年間の保護観察に付するという終局審判がされた。

　本件の担当裁判官と担当調査官の対応は本当に素晴らしかったが、それをもたらしたのは、観護措置決定前の弁護人による面談要請によって始まったカンファレンスだった。カンファレンスを重ねたことで、裁判官、調査官、付添人がすべて「福祉モデル、医療モデルに繋げることでＡくんを更生させたい」という同じ思いを共有できたことが裁判官、調査官のモチベーションに大きく影響したのは間違いないと思われる。

保護観察期間における連携
——ポスト付添人活動

1. 裁判官の「処遇勧告」と、両親との「見守り契約」

　Aくんは上記のとおり、2年間の保護観察に付されることになっ
たが、ここで特筆すべきは、審判をした裁判官が「処遇勧告」(少年審
判規則38条2項)を出してくれたことである。処遇勧告というのは通常、
少年院送致の際にその処遇期間を勧告する、というような場面でさ
れることが多いが、本件で裁判官が保護観察所に対して行った処遇
勧告は次のようなものだった。

　　　少年の処遇に関しては、少年の問題性や精神状態に最大限配慮
　　し、医療機関や福祉機関と適宜の連携を図るだけでなく、弁護士
　　鴨志田祐美及び弁護士伊藤俊介と連絡を密にしていただきたい。

　さらに、処遇勧告書にはこのような「異例の」勧告を行った理由も
詳細に述べられていた。

　　　貴庁(引用者注:保護観察所)におかれましては、医療観察制度を
　　通じて、医療機関との連携に習熟していると側聞しますが、医
　　療機関・福祉機関等と十分な連携を図るためのコーディネーター
　　役を果たしていただきたく存じます。
　　　両弁護士は、少年が身柄拘束されて以降、相当回数にわたって、
　　少年やその両親と面談を重ねるだけでなく、本件非行前から少
　　年を支援していた臨床心理士と連携し、鹿児島県内外の複数の医
　　療機関・福祉機関の入所を検討し、K病院の医師とも面会をした
　　上で、同院に入院する運びとなりました。このような両弁護士
　　の尽力なくして、少年がK病院に入院することはあり得ません
　　でした。審判時の言動を見る限りでは、少年の両親も、両弁護士

に全幅の信頼を寄せていると思われます。しかも、本件保護観察決定により、両弁護士の付添人としての活動は終了しますが、付添人の立場を離れても、少年の更生を見守るために活動したいとの考えをもっています。

　以上のとおり、少年の健全な育成のためには、各利害関係人の意向に配慮しつつ、医療機関・福祉機関における医療的措置を中心に据えることが最も重要で、貴庁が調整役を担い、連携を深める必要性が特に高いと思われます。したがいまして、本件のような処遇勧告は異例かもしれませんが、上記の事項をお願いする次第です。

　多くの少年事件で、裁判官は審判手続が終了すると、当該少年の予後についてなかなか思いを致すことはない。それは付添人にしても同じである。しかし本件では、付添人が審判において、審判後も少年を見守りたいとの強い意向を表明したことで、これを受けた裁判官が、元付添人が審判後においても多種多様な専門家や機関と連携を取りつつ少年の更生に向けた活動を行うことができるようにとの配慮から、いわば「お墨付き」を与えてくれたのだった。

　また、私たちがAくんの審判後もかかわりを持ち続けたい、と思った理由はもうひとつあった。それはAくんのご両親に対するサポートも必要だと感じたことである。これから先Aくんが入院先で何らかのトラブルに巻き込まれたりしないだろうか、とか、退院後鹿児島に戻ってきてからの生活にスムーズに移行できるか、など、むしろ少年審判が終わったときのほうが、ご両親は将来の不安や心配を強く感じているようだった。特にAくんのお父さんは近いうちに離島に転勤して単身赴任となる可能性があり、そうなるとAくんに何か問題が起こったときに、お母さんが1人で対応しなければならない状況に置かれることも考えられた。

　そこで、私たちは、Aくんのご両親に対し、「私たち弁護士が今後

もAくんを見守り、法的な支援も行うことをご両親から委任いただく」ことを内容とする委任契約を締結してはどうか、と提案した。ご両親は「ぜひお願いしたい」と即答されたため、私たちは「Aくんの見守り活動を行う」旨の委任契約書を作成し、ご両親とその契約書をとり交わしたのだった。

あえて有償の委任契約としたことで、単なるボランティアではなく、契約上の義務として少年の支援を行う趣旨を明確にしたのである。

上述の、裁判官の「処遇勧告」と、ご両親との「見守り契約」の締結が、「ポスト付添人活動」を強力に後押しすることとなった。

2. 入院から退院までの連携と支援

Aくんは保護観察処分になった時点でK病院に入院していたため、同病院の所在するX県の保護観察所の保護観察に付された。

Aくんの入院期間中、私たちは試験観察中を含め計4回、K病院におもむいて医療スタッフとのカンファレンスを行った。そのすべてにH教授も同行してくれて、専門家の目で治療や投薬、そしてAくんの様子をチェックしてくれた。

入院後期になると、Aくんは早く大学に復学したいとの意向をたびたび口にするようになったため、主治医、医療スタッフ、保護観察官、保護司との協議を重ね、入院3カ月で退院する方針を固めた。そうなると今度はAくんの自宅での生活に向けた環境整備、通院先の確保、そして何より、大学に対し保護観察中のAくんの復学を認めてもらうことが必要だった。幸い、Aくんが大学に入学してから休学する迄の数カ月間、Aくんの障害を理解し、フォローしてくださっていたS教授の尽力で、復学の目処が立った。

⑶ 鹿児島保護観察所への移送と「処遇会議」、S教授のサポート

2013年7月、K病院を退院し、自宅に戻ったAくんは大学2年の後期から復学し、自宅から自転車と電車を使って通学を開始した。

精神科には継続的に通院して投薬を受け、大学と並行して、週1、2回のペースで自立支援作業所にも通い始めた。

　一方、Aくんが自宅に戻ったことで、本件はK病院のあるX県の保護観察所から鹿児島県保護観察所に移送された。移送前の保護観察所には、前述の「処遇勧告」によって、保護観察所と元付添人との連携が確保されていたが、鹿児島でも同じように連携を密に取ってほしい、と考えた私たちは、移送後鹿児島で最初に開催された処遇会議に参加させてほしい旨申入れた。移送を知った審判時の担当裁判官も、処遇会議にオブザーバー参加し、鹿児島の保護観察所の出方次第では再度の処遇勧告を出すことも検討する、とまで言ってくれた。果たして、保護観察官、担当保護司、元付添人、そしてオブザーバーとして審判を担当した裁判官が一堂に会した処遇会議では、Aくんの障害、病歴、人格特性や行動特性、生活環境について確認し、処遇の方向性や支援のあり方について意見交換するとともに、今後も引き続き連携して支援を進めることが確認された。

　このような経緯を経て、私たちは鹿児島保護観察所が保護観察終了までに開催された15回の処遇会議のすべてに当然のように出席し、Aくんの更生に向けたサポートシステムの一員として関わることができた。

　後に私たちは保護観察官から、保護観察所が「元」付添人の関与を全面的に認めたのは、裁判官の処遇勧告と、両親から正式に委任を受けていたことが大きく影響していたと聞かされた。

　この処遇会議には、途中からAくんが復学した大学のS教授にも出席いただいた。このことにより、保護観察官、保護司、元付添人、S教授のそれぞれから、さまざまな生活場面におけるAくんの異なる表情や行動を知ることができ、それを共有した上で次の処遇策を考える、という好循環が生まれた。

　このような中で、ともすると自宅に引きこもってゲームや漫画ばかりに熱中し、朝起き出せずに学校を休みがちになるAくんのため

に、彼のもつ発達障害特有のルーティンにこだわる特性を踏まえ、保護観察官は、Ａくんが毎日の生活をふりかえり、それを記録する習慣を身につけさせるために「セルフモニタリングシート」というチェックシートを自作してくれた。処遇会議で意見交換し、改訂した上で、Ａくんに無理のない形でシートに記録してもらうことに成功した。また、保護観察官は、自宅でＡくんを見守っているご両親の悩みやストレスを知るために「保護者振り返りシート」も作成し、ご両親に記入してもらった。これらの記録された情報はすべて処遇会議で共有した。

　Ａくんの心身の状態には好不調の波があり、それに伴い順調に通学できる時期、自宅に籠もりがちになってしまう時期があり、処遇会議でも試行錯誤の連続だったが、再非行もなく、2015年３月、Ａくんは無事２年間の保護観察期間を終了した。

保護観察終了後におけるＡくんの状況と新たな連携

1. 見守りの継続と新たな「事件」

　保護観察期間の途中でＡくんは成年に達し、「親権者法定代理人」であるご両親がＡくんの見守りを委任する、という契約形態が実情に合わないものとなったため、私たちは改めてＡくんのご家族と顧問契約を交わし、家庭で生じた問題全般に助言と支援を行うというホームドクターならぬ「ホームロイヤー」的な立ち位置となった。

　一方、Ａくんの大学生活には変化が生じていた。Ａくんが復学時に学年を一つ下がった関係で、ようやくできた唯一の心を許せる友人が先に卒業し、周囲の学生の関心が就活に向く中、彼の居場所がなくなってきたのである。Ａくんの理解者として、公私にわたり支援を継続し、研究室でＡくんに事務補助のアルバイトまでさせてくれ

たＳ教授も、大学を退職してしまった。Ａくんの授業への出席率は大きく落ち込み、もはや大学がＡくんの「安住の場所」にはなっていないことが明白だった。私たちもご両親も無理に大学に行かせるより、次の場所を求めたほうがよい、と決断した。

　2016年9月、Ａくんは大学を休学し、それまで週1回は何とか通えていた自立支援施設も退所して、就労継続支援Ｂ型事務所に通所を開始した。

　Ｂ型事務所への通所にもムラがあったが、2016年の年末ころ、Ａくんは自ら週4回通うと宣言し、実際に自転車で積極的に通所を始めた。しかし、それは「躁状態」がもたらした状況だった。そして、新たな「事件」が起きてしまった。

　2017年の正月明け、Ｂ型事務所から自転車で帰宅途中のＡくんは、自分の自転車を自転車で追い越した男性に腹を立て、殴る蹴るの暴行を加えたというのである。男性はＡくんの自宅のすぐ近くに住む隣人だった。Ａくんのお母さんから連絡を受けた際、私たちはＡくんの自宅にすぐに駆けつけることができない状況だったため、警察官が来たら、これまでの事情を説明し、Ａくんを逮捕させないよう、電話口の向こうのお母さんに助言したところ、その場で精神科に入院させることを条件に、立件を見送るということになった。急な入院でＡくんは混乱し、病室で大暴れしたことから一時期は閉鎖病棟への入院となった。私たちはこれまでの積み重ねが無になったのではないか、と一時は絶望感に苛まれた。しかし、徐々にＡくんは落ち着きを取り戻し、ご両親との面会も可能となった。私たちは入院先の病院の主治医やケースワーカーと面談し、退院後の入所先施設の調整等の意見交換を行った。さらに、彼の治療方針等についてのセカンドオピニオンを得るため、私が懇意にさせていただいている他県の著名な児童精神科医にもＡくんを受診させ、ご両親にも今後のＡくんへの接し方について助言してもらった。

　入院先からの一時帰宅、従前とは別の就労支援Ｂ型事業所への試

験的入所を経て、2018年7月、Ａくんは退院して自宅からＢ型事業所に通うようになった。そして、この年の年末、Ａくんは暴行事件の被害者に直接謝罪し、自ら「けじめ」をつけることができた。

2. ようやく訪れた穏やかな日々

　2019年、ご両親から私に来た年賀状には、Ａくんの字で「今年は良い年にしたいです」と書かれていた。

　その後、Ａくんは順調にＢ型事業所に通所している。私たちが事業所に面会に行くと、久しぶりに、とても柔和な人なつこい笑顔を見せてくれた。ご両親から来た直近のメールには、Ａくんの近況が次のように報告されていた。

　　　作業所へは、月２、３日くらいは、体調が優れず休みますが、月、火、水、金のペースで通っています。

　　　連絡先を交換する人ができたり、二人だけですが、日曜日に遊ぶ人もできています。

　　　１時間ほどのランニングも週３回くらい続いており、少しずつですが、体重も落ちてきています。工賃で、漫画やDVDなどを買うのも楽しみにしています。

　　　本人のペースでなんとかやっています。この感じで、継続できるように見守りたいと思います。

　2019年は、ご両親から私たちへのメールの本数がとても少なく、それは、とりもなおさずＡくんが穏やかで落ち着いた毎日を送っていることを何よりも雄弁に物語っていると感じた。

　事件から丸７年。私たちの役割も、そろそろ終わりに近づいているのかもしれない。

1　引きこもり時にかなりの肥満状態となっていたのが改善されたという意味である。

おわりに
かえて

　本件では、捜査段階、家裁での少年審判、保護観察期間、ポスト保護観察、のいずれの局面でも多くの専門職との連携によって、紆余曲折はあったものの、少年の社会復帰までたどり着くことができた。何より、その紆余曲折の中で不安やストレスに晒された少年の家族にも、十分とは言えないまでも継続的なアプローチができたことが大きかったように思う。

　少年事件は審判の結果が出ることで終わるのではない。むしろ「ポスト審判」の場面における、多業種にわたる専門家たちによる手厚い連携に裏打ちされたサポートなしに、少年本人やその周囲の家族が本当の意味で「社会に復帰する」ことは難しいのではないだろうか。

　更生への道の途上で不測の事態が生じたとき、「多業種連携チーム」による迅速かつ的確なサポートを継続的に行っていくことは、少年本人の立ち直りだけでなく、「家族ごと社会から孤立する」状況を回避し、少年を支える家族の心の安定をもたらすことをも可能とする。そしてそのことが、さらに少年の立ち直りを加速させるのだ。

　しかし、このような連携がすべての少年事件について可能かと言えば、決してそうではない。本件の場合には最初に繋がった臨床心理士のH教授、大学復学に尽力してくれたS教授の存在がなければ、ここまでの継続的な支援は難しかったと思われるし、そもそも審判時の裁判官や調査官、保護観察期間の担当保護観察官が、いずれも熱意と創意工夫に溢れた人材であったことも、かなりの幸運だったといえる。

　多業種にわたる専門職が長期にわたりリレーしながら少年の社会復帰までの道のりを、その家族ともども一緒に走って支援するためには、属人的な偶然の産物に期待するのではなく、汎用化できる制度の構築が不可欠であろう。

リアルに描かれる現代の加害者家族

「許された子どもたち」(2020年)

【あらすじ】　とある地方都市。中学1年生で不良少年グループのリーダー市川絆星（いちかわ・きら）は、同級生の倉持樹（くらもち・いつき）を日常的にいじめていた。いじめはエスカレートしていき、絆星は樹を殺してしまう。警察に犯行を自供する絆星だったが、息子の無罪を信じる母親の真理（まり）の説得によって否認に転じる。そして、少年審判は無罪に相当する「不処分」を決定する。絆星は自由を得るが、決定に対し世間から激しいバッシングが巻き起こる。そんな中、樹の家族は民事訴訟により、絆星ら不良少年グループの罪を問うことを決意する。はたして、罪を犯したにも関わらず許されてしまった子どもはその罪をどう受け止め、生きていくのか。大人は罪を許された子どもとどう向き合うのか。

　中学生の不良グループのリーダー市川絆星は、日常的にいじめていた同級生をある日、殺してしまう。絆星は犯行を自供するが、母親・真理の説得によって否認に転じ、審判では「不処分」となる。

　自由になった絆星だったが、激しいバッシングが巻き起こり、絆星と家族は何度も転居を余儀なくされ、社会から排除されていく。

　本作品で注目すべきは、重大事件を起こした少年・絆星の家庭環境である。両親揃った中流家庭で、両親は「毒親」であっても「虐待親」ではない。真理は、息子とふたりでカラオケに行くほど距離が近く、むしろ息子を溺愛している。

　母親に従順な絆星。暴力は伴わない「優しい支配」によって主体性を奪われている。しかし、真実から自由になることはできず、良心の呵責に苛まれ続ける。

　現代の加害者家族には、19歳で4人を射殺して死刑となった永山則夫のような重大事件を犯した少年の生育歴に見られる「貧困」「虐待」は少ない。人を凶行に駆り立てる動機として、「わかりやす

い不幸」の正体が見えないのが現代の少年事件である。

　それゆえ、少年が抱える問題や生きづらさ、家族や学校との関係を、丁寧に見ていかなければ原因にたどり着けないという複雑さを抱えている。一方で、知的に高く社会性も身につけている両親は、さまざまな人との関わりを経て変化できる可能性は高いと感じる。

　社会が親子を追いつめれば追いつめるほど、親子の共依存関係は泥沼化していく。悪者を成敗するという歪んだ正義感の下に正当化されていくいじめや暴力。法が下す判断より、社会的制裁がいかに恐ろしく、終わりが見えないものなのか、少年事件の加害者家族を取り巻く社会の有様がリアルに描かれている。

　本タイトルの「許し」とは、行動の自由を意味するものであり、「赦し」ではない。罪を受け入れ、「赦される」日が来るのか。少年は犯した罪と向き合うことができるのか、大人たちの成熟度にかかっている。

阿部恭子（あべ・きょうこ　NPO法人 World Open Heart）

2020年5月9日（土）ユーロスペース他にて全国順次公開
©2020「許された子どもたち」製作委員会　（PG12）
配給 SPACE SHOWER FILMS

出演：上村侑、黒岩よし、名倉雪乃、地曳 豪、門田麻衣子、三原哲郎、相馬絵美
監督：内藤瑛亮
脚本：内藤瑛亮、山形哲生
制作協力：レスパスフィルム
製作：内藤組
2020年／日本／カラー／1.90:1
／5.1ch／131分

加害者家族を取材する意義

　2017年から2018年にかけて中日新聞で連載した「少年と罪」の取材で、ある通り魔殺人事件を犯した少年の親に話を聞いた。少年事件では、社会的制裁の矛先が逮捕された本人よりも家族に向かう傾向が強く、その家族が直面する状況を伝えようという問題意識からだった。

　ある日、16歳だった息子から「人を刺した」と打ち明けられた両親が受けた衝撃。逮捕の翌日から記者やテレビカメラに自宅を囲まれて転居を余儀なくされ、インターネットには中傷の言葉が並び、「自分たちが生きていていいんだろうか」と苦悩する姿。「加害者家族に味方はいない」と阿部恭子氏が指摘する加害者家族の状況が、取材を重ねるごとに見えてきた。

　阿部氏の著書には「メディアスクラムが加害者家族の人生のすべてを奪う」という記述がある。たしかに、社会的な注目度の高い事件であるほど、加害者側への取材は激しくなる。容疑者が逮捕されていれば、事件当時の言動や関連するコメント、エピソードを聞き出そうと記者たちは躍起になり、その家族のところへ押しかける。その結果として、地域や職場に迷惑をかけることになり、直接、犯罪とは関係がない容疑者の家族が社会で孤立して「味方がいない」状況になり、仕事や住居、そして将来という「人生のすべて」を奪われることになってしまう。

　ただ、これまで取材を重ねてきて、加害者の家族にも、話した

1　阿部恭子『息子が人を殺しました——加害者家族の真実』(幻冬舎、2017年)28頁。

いこと、聞いてほしいことがあるとも感じている。ただ、自分の家族が人の命を奪ったり、傷つけたりしたことで、被害者や社会に対して申しわけなく思うあまり、「自分にはそんな権利はない」と発言を躊躇しているようにみえる。

　通り魔事件を起こした少年の母親も一時、自殺を考えるほどみずからを責めたが、それは何の償いにもならないと思いとどまった。事件から1年以上が過ぎて、私のインタビューに応じ、事件当時のことや息子の育て方への後悔などについて、語ってくれた。私が「なぜ、取材に応じようと思ったのか」と問うと、「それが少しでも社会の役に立つなら、と思いました」と答えた。

　度を越した取材は慎まなければならないが、加害者家族が直面する現実や心情にも配慮しながら取材を深めることが重要だと私は考える。そうして事実を積み重ねる取材をすることで、事件発生直後に押しかけて謝罪の言葉を伝えるよりも、事件の報道はよりリアルになり、核心に迫る報道ができるようになるはずだ。

　誰であれ、親や子、配偶者が突然、犯罪の加害者となる可能性はゼロとはいえない。加害者家族の声や現実を伝えることが「将来の加害者」を減らすことにつながるのではないか。そんな思いも抱いている。

　加害者がいなければ犯罪の被害者は生まれないのだから。

北島忠輔（中日新聞記者）

第2部

少年事件と
加害者家族支援

第1章
捜査段階における
保護者への支援

阿部恭子（NPO法人World Open Heart理事長）

監修：草場裕之（弁護士）

はじめに

　少年事件において、これまで家族に焦点が当てられてきた場面は環境調整が中心場面である[1]。少年の更生を考えるうえで、家族の存在は非常に重要であるが、加害者家族への支援が最も必要な時期は、捜査段階である。

　捜査段階における加害者家族支援のニーズは概して、重大事件の報道対応と早期の弁護人の介入による冤罪の防止といえる。

　本章では、事例をもとに、事件に巻き込まれる家族の実情から、危機介入として行われるべき支援について検討する。

事例①
——重大事件の保護者が抱える問題

1. 通り魔殺人事件

　A（16歳）は、犯行の数日後に両親に殺害の事実を告げ、両親とともに警察署に行き自首をした。翌日、Aは逮捕された。両親は、警察

1　『少年事件ビギナーズVer.2』（現代人文社、2018年）78～80頁。

から「10日間家を空けられるか」と尋ねられた。すでに自宅の周りには報道陣が集まっており、出入りできる状況ではなかった。両親はすぐに借りられる家を見つけ、夜中に自宅に戻り、少しずつ荷物を運び出した。

Aには学校に通う兄弟がいたが、事件のショックで通学できなくなってしまった。インターネット上ではAと家族を誹謗中傷する内容の投稿で溢れていた。事実と異なる情報も多かったが、家族の職業や兄弟の通う学校などの情報も挙げられていた。

近隣住民が取材に答えている様子も報道され、とても地域で暮らし続けることなどできなかった。自営業をしていた両親は仕事を続けられなくなった。

Aの両親がWOHに相談できたのは事件から一月を経た後だった。

2. 殺人、毒物混入、放火事件

少年B（19歳）は、自宅で知人を殺害し、犯行動機として「人を殺してみたかった」と供述した。その後、高校時代に同級生に毒物を混入したことや放火をした事実が次々と明らかになった。

インターネットでは少年の顔写真や実名、家族の職業や兄弟の情報が次々と投稿され、その後、一部週刊誌はBの実名と顔写真を掲載した。

Bは、犯行の一部始終を兄弟に話していたことから、兄弟も事情聴取を受けることになった。未成年の兄弟に対する事情聴取は弁護士が立ち会った。Bの両親と兄弟は、それぞれ別々の場所に避難した。Bの兄弟は親戚のところに避難したが、すぐに報道陣に知られてしまった。

WOHは、逮捕後まもなく支援に入った。Bの弁護人から、家族は取材に一切答えないようにと言われていた。しかし、事件の捜査が続いているなか家族が身を隠すにも限度があり、避難場所は安全とはいえない状況だった。避難場所から転居にあたっては、転居先ま

で特定されないよう退職や休校の手続や自宅の処分の目途がついた頃に動くことにした。

3. 検討——記者会見の可能性

　少年による凶悪事件が起こると、インターネットでは必ず犯人を特定しようとする書き込みが繰り返され、家族の情報が暴露されることがある。現代において加害者家族を追いつめているのは、報道陣だけではないのである。▼2 報道以上に加害者家族を悩ませているのは、インターネット上での匿名による誹謗中傷や個人情報の暴露である。少年による凶悪事件が発生すると、必ずといっていいほど実名がふせられることに対する不満から、個人を特定しようとする書き込みが集中し、兄弟の通う学校や両親の職業といった家族の個人情報が暴露されている。嫌がらせを扇動するような書き込みもあり、家族は恐怖に怯えながら生活せざるをえなくなる。脅迫などに該当する書き込みは放置せずに警察に相談し、▼3 事実とは異なる情報も含まれた個人情報についてはサイトの管理者に削除依頼をするべきである。▼4

　そこで、家族への報道対応のひとつとして家族の会見を開くことを検討する。筆者は近年、2019年に発生した傷害致死事件の加害者家族の報道対応を行った。本件の報道対応は、捜査段階ではなく起

2　ちなみに、現在、報道陣に追われる加害者家族が利用できる公的な避難所は存在しない。メディアスクラムは永遠に続くわけではないことから、一時的に自宅以外に宿泊するよう助言したり、スタッフの伝によって避難先に誘導するなどして対応してきた。これまで、WOHとして避難所を運営する案も上がったが、該当する事件の頻度は低く、問題が生じたときのリスクやコストを考えても有効な策ではない。

3　スマイリー・キクチ氏は、インターネット上の掲示板「２ちゃんねる」で「女子高生コンクリート詰め殺人事件」の犯人であると書き込まれ、嫌がらせを受けた。悪質な書き込みをした人々は脅迫や名誉棄損の疑いで書類送検された。中日新聞社会部編『少年と罪——事件は何を問いかけるのか』(図書出版へウレーカ、2018年)86〜88参照。

4　被害に遭っている人がみずから削除依頼をすることが困難な場合、法務局が削除を要請できる。法務省ホームページ「インターネットを悪用した人権侵害をなくしましょう」〈http://www.moj.go.jp/JINKEN/jinken88.html〉参照。

訴後の公判直前であった。事件後、家族は報道陣に追われ、転居を余儀なくされていた。転居先では平穏な生活が続いていたが、公判が迫り再び報道陣の影がちらつくようになってしまった。裁判は全国的に注目される可能性が高いことから、初公判の数日前に報道陣に対し、家族の状況に関して一定の情報を公開することに踏み切った。

　取材依頼が来ている記者の連絡先に筆者が連絡をし、家族が会見を開くので自宅や職場への取材は控えてほしい旨を伝えた。会場は貸し会議室を抑え、筆者と被告人の母親が取材に対応した。筆者は進行役を引き受けたが、記者からの質問には被告人の母親が直接回答し、言葉に詰まるような場面でフォローをした。被告人の母親は検察側の証人と弁護側の情状証人を引き受けていることから裁判に関する内容は答えられない旨を伝えたうえで会見を始めた。撮影にあたって映像は、顔から下のみ放送可のうえ、声も変更という要望を伝えた。

　記者からの質問は、「事件をどのように知ったか」「事件を聞いた衝撃」「被害者への感情」「加害者の性格・エピソード」「裁判に何を期待するか」などであった。翌日、会見内容は多くのメディアで放送された。被告人の母親のプライバシーは守られており、筆者の存在も公表されず報道によって問題が生ずることはなかった。

　会見のメリットは、報道各社から追われる恐怖が減ることである。また、捜査段階では誤報も報じられており、訂正する機会が得られることもある。インターネットにはさまざまな情報が溢れており、報道機関を通して訂正や苦情を訴えることもひとつではないかと考える。当然、沈黙を貫くという家族に無理強いすることではなく、メディアから逃げ続ける不利益を考えたうえでの選択肢である。重大事件の場合、家族が取材を断ることによって、親戚や遠方に暮らす家族のもとにまで報道陣が流れるリスクもある。したがって、捜査段階での介入が可能ならば、会見の提案をしてみることも有効である。

ここで述べている記者会見とは「発表」や「報告」ではなく、家族の生活を守るための危機介入である。たいてい準備に要する時間はなく、迅速かつ臨機応変な対応が求められることから、家族との信頼関係が強固で、かつ報道対応に慣れている人が担う必要があるかもしれない。あくまで家族の代理人（支援者）が家族のために行うものであるが、少年に不利益が及ばないような配慮は必要であり、家族の心情に絞った内容が想定される。[5]

事例②
──共犯者と疑われた妹

1. 詐欺事件の犯人の妹への事情聴取

　少年C（18歳）は、振り込め詐欺集団のひとりとして詐欺罪で逮捕された。Cは逮捕後、一貫して容疑を否認した。Cは、両親と妹と同居している。家宅捜索が行われた際、妹の部屋から封筒に入った現金100万円が見つかり、妹も警察署で事情聴取を受けることになった。妹は、部屋から見つかった現金の入った封筒については身に覚えがないという。妹は兄と仲が良く、兄からブランド品をプレゼントされたり食事をご馳走してもらうことがよくあった。初日の事情聴取で妹は、両親との関係、兄との関係など家庭の様子について2時間程度聴取された。翌日は、兄の交友関係を中心に、妹の交友関係や毎月使っている金銭の使途について詳しく聞かれた。兄はブランド品をいくつも買えるような収入があるわけではないのに、疑問を持たずに受け取ること自体がおかしいと厳しく追及された。また、「遊ぶ金ほしさと贅沢のために」兄を利用したのではないかと責めら

5　弁護人活動・付添人活動の一環としての対応である場合、少年によく説明し、その意味を真に理解したことを確認したうえでの少年の同意が必要である。その点について、前掲註1書173〜174頁参照。

れ事情聴取は5時間に及んだ。3日目、部屋から見つかった現金は妹のものであり、兄の共犯者だと言われ、「知らない、違う」といくら伝えても聞き入れてはもらえなかった。妹は、兄が逮捕された事実を友人やアルバイト先には知られたくなかった。事情聴取に応じないと彼らから話を聞くと言われ、断ることができなかった。

筆者は、犯人扱いされていると泣きながら帰ってきた妹の様子を心配した母親から相談を受けた。Cの家族は、接見禁止によってCと面会できておらず、弁護人が誰かもわからないという。Cの両親は、このような状況で弁護士を依頼してよいのかわからず悩んでいたが、筆者はすぐ依頼するように母親に助言し、妹の事情聴取に同行してもらう弁護士を紹介した。母親が依頼した弁護士はすぐに妹の事情聴取に対応し、その後、Cと接見し私選弁護人の契約を交わした。Cは、奪った現金の一部を妹の部屋に隠したことを認めており、妹が疑われることを心配し国選弁護人に訴えていたという。しかし、国選弁護人は家族に一切連絡を取ることをしなかった。

私選弁護人が選任された後は、妹が警察から呼び出しを受けることはなくなった。

2. 検討——事情聴取への対応

少年事件では、少年が家族と同居していることが多く、家族は報道のみならず捜査に巻き込まれる事態も頻繁に起きている。**事例①の2**の事件では、少年Bは犯行の一部始終を兄弟に話しており、兄弟が証拠隠滅の手伝いを強要されることもあった。少年Bの弁護団は、兄弟の事情聴取にもすぐ対応しており、兄弟が巻き込まれる事態は防ぐことができた。重大事件で弁護団が組織されているような事件では、家族の事情聴取にまで介入できているケースもあるが、本件のように兄弟への介入が見過ごされてしまっているケースがあることから、弁護人には、捜査段階こそ家族の人権に細心の注意を払っていただきたい。

少年Cの妹は、密室での厳しい事情聴取によって不眠や情緒不安定な状態が続いており、継続的な電話相談によるカウンセリングを続けた。兄の逮捕によって、これまでの友人関係にヒビが入ったり、人間不信に陥るようになったりしたため、彼女が回復するまでに1年を要した。

事例③
——微罪の背景に潜む家族病理

1. 盗撮事件を起こした少年の保護者への支援

　少年D（16歳）は、電車で女性のスカートの中を盗撮した容疑で、取調べのため警察から呼出しを受けた。筆者は、突然の警察からの連絡にどう対応すればよいかわからず困っている母親から相談を受けた。筆者はすぐに、弁護士を依頼するべき旨を伝え、弁護士を紹介した。

　母親は、アルコール依存症の治療中の夫との関係に悩んでおり、事件の背景には家族病理が垣間見えた。後日、弁護士事務所で夫とともに警察の取調べに対する対応と少年審判に向けての対策を協議してもらった。

　弁護士は、未成年に対する取調べであることから、両親に取調べに立ち会うように助言し、父親が立ち会うことになった。息子の取調べに立ち会った父親は、親が抱える問題が息子の生活に大きな悪影響を与えてしまっていることに気がついた。

　Dもまた、依存症の専門家によるカウンセリングに繋がり、事件によって家族それぞれが病理と向き合う環境を作ることができた。

　弁護人の早期介入によって、Dは高校生活に支障をきたすことなく元に戻ることができ、早期に家族病理を発見し治療を始めることができた。

2. 検討——弁護人の早期介入の必要性

　少年は大人に比べて経験や知識などさまざまな面において未成熟であることから、取調べにおいては、保護者や担任教師など適切な大人が立ち会うべきである。

　本件の保護者は、依存症を抱えてはいるが子どもに対する愛情があり、養育できる環境にある家庭である。少年Ｄも家族の保護や援助を望んでいる。両親は、自分たちの問題に囚われるあまり、子どもが抱えてきた問題に気がつくことができずにいた。子どもの犯罪という大きな出来事によってようやく親としての責任に目覚め、子どもを更生させたいという感情は夫婦で一致していた。子どもがどのような罪を犯したのか、親として事件の経過を見ていくことは重要であり、取調べに立ち会うところから関与したことは適切であった。警察での取調べという最も不安な時期に、親が側で支えてくれたという体験は、子の親への信頼を深めた。

　しかし、事件によっては少年への虐待や過干渉など保護者が距離を置くべき事案もあり、どのような関わりが適切かは事件ごとに見ていかなくてはならない。弁護人と家族支援者がそれぞれ情報共有できる機会を持つことができれば、家族病理の早期発見と治療につながる道を開くことができる。

　盗撮などの性犯罪や窃盗症といった依存症は、すぐに解決するわけではない。再犯防止と被害者を出さないためにもできるだけ早く治療を開始することが重要であり、弁護人には捜査段階から意識していただきたい点である。

6　前掲註１書33〜34頁参照。
7　平成19年10月31日付け「少年警察活動推進上の留意事項について（依命通達）」〈https://www.npa.go.jp/pdc/notification/seian/shounen/shounen20071031.pdf〉、犯罪捜査規範180条。

おわりに

　アメリカでは、殺人事件を起こした少年の親たちがメディアの前で顔を出してインタビューに答えている［→192頁］。実名や姿を明かしたうえでの取材は日本ではまだハードルが高い。しかし、一定のプライバシーの保護の下、インタビューに答える親たちも現れており、報道の反響は、決して厳しいものばかりではない。

　加害者家族への偏見は、実態が隠されているゆえに作られている部分も否めない。少年事件の親たちの告白は、加害者家族支援の発展にとっても大きな一歩であり、偏見を変えていく力である。

第2章
少年審判と
保護者への支援

阿部恭子（NPO法人World Open Heart理事長）

監修：草場裕之（弁護士）

はじめに

　審判に向けた準備における保護者の課題は、少年の更生のための環境をどのように作るかということである。少年の更生に関わる専門機関や支援団体は、あくまで少年を中心に家族にアプローチしているが、加害者家族支援においては、保護者を主体として家族としての生きづらさや限界を受け止めたうえで、少年の更生に家族がどのように関わっていけばよいかを考えている。

事例①
──DV被害経験を持つ母

1. 交際相手へのストーカー、性犯罪事件

　少年E（17歳）は、女性への強制性交等、ストーカー行為の規制等に関する法律により逮捕された。

　Eと被害少女は交際をしていたが、Eは被害少女に暴力を用いて無理やり性行為を強要し、被害少女が別れを切り出すと、納得できないと言ってつきまとったりSNSで暴言を繰り返すなどした。

　Eは、母親と祖父母と一緒に生活していた。母親は、夫の暴力が

原因で離婚をしている。Eは家庭で暴れたり、暴言を吐くようなことはなく、むしろ家庭では大人しく、母や祖父母への接し方は優しかった。それゆえ、逮捕の知らせを聞いた母親は事実を知って驚いた。

　母親は警察署に面会に行くと、Eは悪びれる様子もなく淡々としていた。弁護人は、被害者側と示談交渉において、Eの帰住先は被害者宅と近い現在の住所からは離れたところに住むことが求められていたが、Eは生活環境が変わるのは嫌だと言って聞かなかった。

　母親が現在の自宅を離れ、Eとふたりで生活する代わりに、被害者側から提示された条件をすべて受け入れることを約束したが、Eは納得できないと言い張り、この件でEと家族の関係は悪化していった。

　付添人は、Eに罪を自覚させようと性犯罪被害者の手記やストーカー被害に関する専門書の数々を差し入れていたがEはまったく無関心だった。付添人は、反省しないEの態度にあきれはて、母親にEに理解させるよう説得すべきだと、母親も同様の書籍類を購入して読むように指示した。母親は、言われたとおりに書籍を購入したが、みずからDV被害と性被害を経験しており、読めば読むほど自身の被害体験がフラッシュバックされ体調を崩すまでに至った。

　母親は、過去に男性から受けてきた苦痛を息子が少女に与えていた事実に絶望し、面会に行くこともできなくなった。さらに、事件を起こした息子と以前のように生活することに不安を抱くようになった。

　Eは、反省どころか逮捕時よりも攻撃的になり、自分をまったく理解してくれない付添人や専門家、家族、そして被害者に対しての不満ばかりを口にするようになった。家族は、Eが逆恨みから被害者にさらなる被害を与えてしまうのではないかと感じた。

　犯行態様の悪質さと母親を中心とした家族による実効性のある監督は期待できないことを理由に、Eは少年院送致となった。

　母親は、カウンセリングを受けるようになり、加害者家族の会に

参加したことによって、精神的に落ち着きを見せるようになった。母親の状態では、Eと一緒に生活することは互いにとってよくないことから、Eの更生を支援する団体に依頼する方針で、Eと話し合っていくことになった。

　少年院に入ると、Eはだいぶ落ち着きを見せ、頑なに拒んでいた帰住先の件も受け入れることを約束した。

2. 検討——傷ついた母親との接し方

　DVや性犯罪の世代間連鎖は決して珍しいケースではない。付添人は、その可能性を念頭に入れて母親と接してほしい。少年に対して更生のために必要と思われる教材を勧めるまではよいが、母親に勧めるのは行き過ぎた対応である。

　本件はひとり親家庭であり、母親として更生を担うプレッシャーも大きい。どのように接すれば、母親の負担を軽くすることができるかという視点で考えてみていただきたい。

　母親の体験から考えても、Eが内面に抱えている問題は深刻であり、簡単に反省を導くことなど困難である。Eのパートナーに対する執着の背景に何があるのか、Eに丁寧にアプローチする必要がある。そのような試みがあれば、母親に対して無神経な対応は避けられたと考える。▼1

　母親は夫のDVが原因で離婚に至っているが、Eを出産してまもなく離婚が成立しており、Eに面前DVの影響はない。母親は仕事が忙しく、Eは祖父母に育てられ家庭で叱られるという経験をしたことがなかった。母親は、息子を溺愛しており将来への期待が高かった。しかし、Eは家族から期待されるほど成績は伸びず、高校受験に失敗し、その挫折感から不登校気味になった。Eは、家庭内での評価

1　少年へのアプローチについて、岡本茂樹『反省させると犯罪者になります』（新潮社、2013年）、岡本茂樹『いい子に育てると犯罪者になります』（新潮社、2017年）を参考にされたい。

に社会的評価が追いつかないギャップに劣等感を深め、弱い女性を支配することで不全感を満たしていた。

　母親は、Eに能力以上の成果を期待しており、大学進学など現実的ではない選択肢を進め、結果的にEを追いつめることもあった。母親は加害者家族の会に参加することによってみずから過干渉であることを自覚するようになった。Eの出院後については、Eの考えを中心として更生を支援する団体のスタッフとEで話し合い、親は見守っていくという方針をようやく受け入れた。

事例②
——隠された家族病理

1. 裕福な家庭に育ち詐欺に手を染めた少年

　少年F（18歳）は、友人とともに振り込め詐欺の被害者宅で現金を受け取ろうとしていたところ、詐欺未遂罪で現行犯逮捕された。

　Fは、大学受験の浪人中で、受験勉強のストレスを抱え、高校時代の交友関係が途絶えた孤独感からSNSの交流にはまるようになり、振り込め詐欺集団の仲間とつき合うようになった。Fに非行歴はなく、家庭でも学校でも問題を犯したことはなかった。父親は会社の重役で母親は専業主婦である。経済的に何不自由のない生活を送っていたにもかかわらず、他人から金銭を騙し取るような犯罪に加担したことが両親にとっては信じがたかった。

　Fの両親は、Fは友人に騙され犯罪に巻き込まれたと考えていたが、Fは共犯者を悪く言うことはなかった。

　付添人は、両親が被害弁償もすませており、近年多発している種類の犯罪ゆえに巻き込まれた可能性が高く、Fの社会復帰をどう支えていくかが課題だと話していた。

　両親は、突然、事件を起こした息子とこの先どのように関わって

いけばよいか頭を悩ませ相談に訪れた。両親が最も気にしていたのは、事件の父親の仕事への影響である。被害者も複数おり、どこからか情報が漏れ伝わるようなことがあったら仕事を続けていくことができるか、その不安に囚われていた。

　面談では父親が話をし、母親は隣で黙っていたが、Ｆが事件を起こした原因についての心当たりを尋ねたところ、母親は何度か父親に視線を送り、あたかも「原因は父親だ」と言わんばかりの合図を送ってきた。しかし、母親に不安に感じていることや質問はないかと尋ねても父親の前で話をすることはなかった。

　後日、母親とふたりで面談をすると、深刻な問題が浮上してきた。まったく予想がつかなかったが、夫婦関係は完全に破綻していたのである。母親は、日本人ではなかったことから結婚にあたって、夫の親族は猛反対した。息子が生まれた頃から夫婦関係は冷え込み、夫は日本人女性との間に子どもを作ってしまった。それでも、離婚は夫にとってイメージが悪く、妻も経済的に自立できないことから、仮面夫婦を続けていた。夫の親族は、日本人である婚外子の方を可愛がり、母親は孤立し、味方は事件を起こした息子だけだった。母親は、息子を婚外子に負けないように育てたいと、教育に力を入れすぎたという。高校まで息子は順調だったが、大学受験に失敗した挫折が大きく、自宅で暴れたり母親に暴力を振るうようになっていた。母親は、息子と向き合う自信がなく、自宅に戻って来てほしくはないのが本音だという。他方、Ｆは自宅から通学できない大学を受験しており、Ｆは支援団体の援助を受けながら自宅を離れて社会復帰に向けた準備をすることになった。

２．検討――保護者との長期的な関わりの必要性

　本件において、Ｆに更生してほしいという思いは夫婦で一致しており、一見、不仲な夫婦には見えなかった。母親と父親、それぞれに話を聞く機会を設けることも問題の早期発見に繋がるであろう。

本件に関して、付添人や家庭裁判所調査官は、Ｆは裕福な家庭ゆえに、両親から甘やかされて育ったと指摘していたが、母親の話を聞く限り、複雑な家庭環境で育っており、生育歴において同情すべき点は多いと思われた。Ｆの更生を考えるにとって重要な事実であるが、父親が口止めしていたことにより、審判では伏せられていた。

　支援者は、保護者との長期的な関わりを継続する覚悟が必要である。それによって、保護者との信頼関係を深め、これまで誰にも話せなかった問題を保護者が語ってくれることがある。容易にたどり着くことができなかった問題こそ、核心であることが多く、少年の更生にも活きる情報である。

　「更生の支え手としての家族」ではなく、まず「家族自身のケア」という視点で関わることによって、これまで見えなかった問題が浮かび上がってくることがある。

おわりに

　少年を中心としたアプローチと家族を主体とした支援者がそれぞれ協力して問題解決に努めることは少年の更生の道筋を描くにあたってもメリットが多い。今後、双方の関係者が十分に話し合い、少年と家族それぞれ無理のない、より良い環境作りを目指すことが求められよう。

第3章
裁判員裁判と
保護者への支援

阿部恭子（NPO法人World Open Heart理事長）

監修：草場裕之（弁護士）

はじめに

　少年の裁判員裁判における加害者家族支援は、犯罪報道の影響から家族をどのように守るか、加害者の更生に家族はどのように関わるべきかを導くことである。

　本章では、再犯のおそれが懸念される性犯罪事件と社会的に大きな関心を集めた重大事件をもとに報道対応のあり方と情状鑑定の活用について検討する。

事例①
——元少年の裁判員裁判

1. 繰り返された性犯罪

(1)　事件の概要

　少年G（当時18歳）は、路上で女性4人に刃物を突きつけ、わいせつ行為を繰り返しており、強制性交等致傷罪で逮捕された。

　被害者はGより年下の少女で、犯行時の写真を撮影し、口外したらそれをばらまくと脅し、みずからの性器を触らせたり口淫させるなどした。

公判では、情状鑑定にあたった臨床心理士と父親が情状証人として証言をした。少年には懲役7年の実刑判決が下された。

(2)　事件の背景

　Gの父親は、高学歴志向でGの教育に関して非常に厳しく干渉的だった。進路をめぐってGと対立しており、家族関係は良好ではなかった。男尊女卑の思想が強い家庭で、母親の存在感は薄く母親への信頼は低い。2歳下の妹は、長男のGに比べ、親の干渉が少なく育っていることから自尊心が高く学校でも人気者だった。Gは、妹に対しても劣等感を抱いていた。

　Gは大学受験のストレスから犯行を繰り返したが、大学合格後、ひとりで生活するようになってからは恋人もでき、犯行は止まっていた。

(3)　鑑定結果から見えた家族の役割

　Gは、家族と衝突することはあっても家庭や学校で大きな問題を起こしたことはなく、事件の内容があまりに卑劣かつ残酷であったことから、家族の衝撃は大きかった。4人の被害者に対する被害弁償や損害賠償の負担は家計を圧迫しており、経済状況は悪化していた。

　Gは、すでに成人に達しており、ひとりで生活をしていた時期はパートナーも存在し、犯行を行うことはなかった。事件後、パートナーとは破局し、友人関係も失ったが、社会において新たな人間関係を構築することが優先され、家族はあくまで見守り役に徹するべきだと判断された。

　出所後は、家族とは同居せず、更生支援者らの力を借り自立した生活を送ることが望ましい。更生支援者らとつながりを持つことは、社会とのつながりを構築するための第一歩であり、積極的に支援を受け、家族が干渉しすぎないよう注意を促した。

2. 検討──インターネット時代の少年と家族のプライバシー

(1) 元少年の実名報道の影響

　本件は、公判時にはすでに少年は成人年齢に達していることから、実名報道される可能性があった。弁護人は、裁判所に対して開廷表に氏名を記載しない旨、申し入れたが、報道機関に対しては何ら要請をしなかった。

　公判では傍聴人は非常に少なく、記者席は空いていた。地元紙のみ初公判の記事が掲載されたが少年の氏名は匿名だった。しかし、判決言い渡しの記事で同紙のみ実名報道をした。

　少年法61条は、個人の特定につながる記事や写真を新聞等に掲載することを禁じている。[1] 本件において、少年は犯行時未成年であったことから、少年の更生を考えるにあたって少年法の理念が貫かれるべきである。

　元少年の裁判員裁判では、裁判所のみならず報道機関に対しても少年の氏名を公表しないよう申入れをするべきであった。実際、実名報道の影響を受けるのは社会にいる家族であり、報道によって妹が不登校になってしまった。加害者家族支援としては、あくまで家族の立場から、実名報道を控えるよう申入れをすることを検討したい。

　本件の裁判報道は、公判のスケジュールと判決、少年の実名が報道されたのみで、事件についてはまったく分析されていなかった。筆者は犯罪報道の本質は、誰が罪を犯したかということではなく、なぜ事件が起きたのかを伝えることだと考える。報道機関に対して、報道自粛の要請だけではなく、プライバシーを守ることを条件として、判決についての感想や熟議されなかった点など家族としての見解を伝えることも重要だと考える。

1　少年法61条「家庭裁判所の審判に付された少年又は少年のとき犯した罪により公訴を提起された者については、氏名、年齢、職業、住居、容ぼう等によりその者が当該事件の本人であることを推知することができるような記事又は写真を新聞紙その他の出版物に掲載してはならない」。

⑵　情状鑑定の意義

　本件のみならず、多くの事件において少年の親たちは、子どもが犯した事件について親として問題に気がついてあげられなかった罪責感から、少年の更生のために援助を惜しまない姿勢を見せている。家族が側にいて見守ることこそ、少年の更生にとってベストであるという考えが常識かつ一般的かもしれない。情状証人も同居人が証言する点に説得力があると考える弁護人も少なくはないのではないだろうか。

　しかし、本件では情状鑑定を通して、親の過干渉が少年を追いつめていた事実が明らかとなった。親が関与すればするほど、少年が社会との関係を構築し、自立する機会を奪う結果となるケースもある。

　これまでさまざまな裁判を見る限り、裁判官や裁判員の中にも、物理的距離が近いことが更生の支え手の条件と思い込んでいる人々も少なからず存在すると思われる。したがって、更生の道筋と家族の関わりについては、裁判官・裁判員に対して鑑定結果に沿った丁寧な説明が求められる。

事例②
――動機が解明されなかった事件

1.　通り魔殺人事件

⑴　事件の概要

　少年H（16歳）は、路上で通りすがりの人物を刃物でメッタ刺しにして殺害し、遺体を近くの川に遺棄した。事件は猟奇的な犯行として全国的に報道され、家族は失業し、転居を余儀なくされた。

　犯行動機について、Hは「人を刺したかった」とだけ供述しており、精神鑑定では責任能力ありと判断された。

　公判でもHが動機について語ることはなく、両親が情状証人とし

てHを支えていく旨証言したが、判決は「執拗かつ残忍な犯行」として不定期刑が言い渡された。

(2) 事件の背景

　Hは親の勧めで入学した私立中学に馴染めず不登校になった。その後、友人もなくしばらく孤独な日々を過ごすことになる。家族はこのようなHを放置していたわけではなく、週末には家族で一緒に外出したりと家庭の中で孤立させることはなかった。高校にも進学し、友人はいなかったが、将来の目標ができた頃に事件が起きた。

　両親は、Hの「孤独」について、もっと深刻に考えるべきだったと後悔している。Hは非常におっとりした性格で、家庭でも学校でも暴力的な事件を起こしたことはない。動物が大好きで、家族の前で見せていた姿からは、犯行の残忍さはまったくうかがえなかった。犯行動機はいまだ不明のままである。

2. 検討——保護者の役割をどう見出すか

(1) 重大事件の報道対応

　本件は、報道が全国化した事件であることから、公判においても多くの記者が詰めかけていた。捜査段階のメディアスクラム対応と同様に、公判開始にあたって報道が盛り上がるようであれば、記者会見を設定して報道機関との窓口を作るとよいであろう。会見は、判決確定後に行う旨を記者クラブに伝え、公判中の家族への取材は控えてほしい、または支援者に連絡してほしいといった内容を事前に連絡しておくとよい[→92頁]。

(2) 情状鑑定の限界

　本件は、動機が解明されずに終わった事件である。家族からの要請で、公判前から筆者はHと面会を続けている。礼儀正しく、質問への受け答えはしっかりしており、「異常性」は感じられない。発言

からは家族への気遣いや愛情が感じられ、家庭に不満を抱いていたことが直接的な動機とは考えにくい。しかし、家族には話しにくい、思春期特有の問題を抱えていた様子はうかがえる。

　少年が動機についてまったく語らなかった事件であるが、「金銭目的」「痴情のもつれ」などと断定された事件の影にもさらなる動機が潜んでいるケースは決して少なくはない。筆者は、家族からの要請で加害者の更生支援に協力するにあたって加害者と面会を続けているケースがある。ある性犯罪事件で、加害者は出所したのちに過去に性被害に遭っていた事実を告白してくれた。犯行に多大な影響を及ぼしている事実であるが、情状鑑定では発見されなかった事実であり、家族には知られたくないことだという。

　誰しも、家族だからこそ言いにくい話もあるであろう。こうした隠された動機は、加害者の更生を見守っていくにあたって重要な事実であり支援者は理解しておくべきだと考える。このように、家族では限界のある役割を引き受けるのも加害者家族支援のひとつである。

おわりに

　少年と家族にとって、裁判とはあくまで通過点に過ぎない。それでも公判段階で、何が起きていたのか、その真相に迫ることは、双方の人生にとって大きな意義を持つ。家族にとって残酷な真実が明らかにされることもあるが、少年の更生を支えていくことを選ぶならば、事件と向き合うことは避けては通れない。

西鉄バスジャック事件
から考える修復的司法の実践

　2000年５月３日、ゴールデンウィークの最中、佐賀発福岡行きの高速バスが17歳の少年に乗っ取られた。後に「西鉄バスジャック事件」と呼ばれるこの惨劇は今でも記憶に新しい。私は当時大学生で、ちょうど実家に帰省していたところだった。移動が盛んな連休に高速バスを利用する人も多い。九州の実家に戻っている友人は、まさか巻き込まれていないだろうか……。同じ方面を往来する人が身近にいたならば、さぞ不安ではないかと思いながらテレビを見ていた。

　薄暗いバスの中、鋭く光る刃渡り30センチの牛刀を手にした犯人の映像は、日本中を恐怖に陥れた。世の中は、事件の話題で持ちきりだった。バスから逃げ出した人の情報が流れるや否や、世間は「卑怯者！」とバッシングを始めた。

　「警察は何やってんだ、早く殺せ！」「アメリカだったらとっくに撃ち殺してるだろう！」といった世論もしばしば上がっていた。

　バスが乗っ取られてから15時間半後、警官隊が突入し少年は逮捕となった。乗客の１人が死亡、４人が重軽傷を負った。警官隊突入の報道でよく覚えているのは、幼い少女が警官に抱きかかえられ救出される映像である。どれだけ怖い思いをしただろうか、想像すればするほど犯人に対する怒りの感情しか湧いてこなかった。

　当時の私は、少年の犯行動機や生育歴にまったく無関心で、被害者に同情し、この先、自分自身が被害に遭わないためにはどうすればよいか、その不安を解消してくれる情報だけを追っていた。

2000年、本件発生の2日前、愛知県豊川市で17歳の少年が「人を殺してみたかった」という理由で主婦を殺害する事件が起きていた。加害少年は、「豊川の少年に先を越された」と供述し、神戸連続児童殺傷事件の影響を受けていた事実も明らかとなった。少年は審判で解離性障害と認定され、医療少年院送致となった。その後、通常人に理解しがたい少年の犯行は「キレる17歳」「少年の心の闇」といった表現で語られるようになった。「少年A」と呼ばれる神戸連続殺傷事件の犯人が犠牲にしたのは、自分より力の弱い幼い子供たちだが、本件の少年は一本の凶器によって大人を支配した。自分や大切な人たちが巻き込まれる危険性を考えると、少年A以上に恐ろしい存在に思えた。

　昨年、ある講演会で、本件の被害者のひとりである山口由美子さんとご一緒する機会があった。大勢の人がいる中で、人一倍、人を包み込むような優しいオーラを纏った女性が山口さんだった。さらに詳しい話をうかがいたく、熊本大学の岡田行雄教授の講義での講演を聴講させていただいた。

　山口さんは事件当日、殺害された友人と福岡市内で開催されるコンサートに行くためバスに乗っていた。

　すると前方に座っていた少年が突然立ち上がり、刃物を出して全員後方に座るように指示した。この時、眠っていて少年の行動に気がつかなかった女性が突然刺され、車内に戦慄が走った。その後、山口さんも身体の10カ所以上を刺され、友人も犠牲になった。

　山口さんは、少年に凶器を向けられたとき、「この子も傷ついている」と感じたという。山口さんは以前、娘の不登校に悩んだことがあり、牛刀を振りかざす少年が当時の娘の姿と重なったという。

　少年は警察に防弾チョッキを要求したが、いつまでも届かない状況に苛立ち始めた。それを察したある女性が、警察に向かって「防弾チョッキ早く持ってきて！」と叫んだ。すると少年は、「僕、

あなたのように言う人好きです」と言ったという。

　防弾チョッキが手渡され、まもなく救出されようとしていた頃、少年は血を流して床に倒れこんでいる山口さんに「こいつしぶといな、殺してやろうか」と再び攻撃を加えようとしたが、先ほどの女性が「もう、いいじゃない」と言って諌めたという。

　山口さんは、少年と女性とのやりとりを聞いていて、少年は良くないことをしていることは十分わかっており、自分と向き合って止めてくれる人の存在を待っていたのではないかと感じたという。

　これほどひどい仕打ちを受けているにもかかわらず、少年の真意を汲み取ろうとする姿勢に胸を打たれた。

　山口さんが予感したとおり、少年は中学校で激しいいじめを受けていた。同級生たちから踊り場から飛び降りるよう挑発され、落下して大けがをしたこともあった。高校では不登校になり退学。家庭

内暴力が悪化し、両親の手に負えなくなり療養所に入院。連休中の外泊許可が認められたときに起こした犯行だった。学校では蔑まれ、家庭では腫れ物に触るように扱われ、心の痛みに向き合ってくれる人はいなかったのだろう。

　病院に搬送された山口さんは、出血多量で輸血を受け一命を取り留めた。山口さんの入院によって家族も突然、母親不在の大変な生活を余儀なくされた。

　山口さんは事件の瞬間からずっと少年のことが頭を離れなかった。そして退院後、少年との面会を申し出た。山口さんの前に現れ、深々と頭を下げて謝罪する少年の姿に、「心からの謝罪だ」と感じたという。山口さんは、「許すのはこれから」と伝え、交流を続けた。どんな話をしたのかは、少年との約束で他言できない。

　少年の両親とも話をした。当時、同じように子どもの不登校で悩んだ経験のある山口さんは、両親に、なぜもっときちんと子どもを見てあげなかったのか、親としての怒りを伝えた。少年の家族は事件後、地元で生活できなくなり現在の消息は不明、山口さんと少年の交流も今は途絶えている。

　山口さんは事件をきっかけに、多くの加害者はかつてどこかで被害者だったのではないかと考えるようになった。その後、不登校の子どもや親の会を仲間と立ち上げ活動してきた。子どもの思いを否定せず、「つらかったね」と受け止める。少年に必要なのは罰ではなく、信頼できる大人や仲間、再教育の場だという。

　私もかつて、不登校の子どもたちの家庭教師をしていたことがある。きっかけは、中学生の頃、不登校の末に友人が自殺したことだった。講演後、山口さんを囲む食事会の席でふとこの話をしたとき、山口さんから「つらかったね」と声をかけてもらった。私はこの瞬間、長年抱え込んできた責任から解放されたように心が軽くなるのを感

1　阿部恭子『息子が人を殺しました──加害者家族の真実』(幻冬舎、2017年) 147〜149頁。

じた。こんな感情は、初めてだった。山口さんの講演や不登校に悩む人々の支援は、多くの少年が抱える心の闇に、光を当てる活動である。

日本中を震撼させた事件ゆえに、世の中は少年を異常者とみなし恐怖を煽った。少年の心とまっすぐ向き合う勇気を持てたのは、少年に最も傷つけられた被害者だった。

途中でバスから逃げ出した人々は、凄まじい誹謗中傷や嫌がらせを受けた。しかし山口さんは、逃げた人々も同じ被害者だと主張する。乗っ取られた車内にいる恐怖は、そこにいた人々でなければわからないという。

多くの人は、処罰感情を正当化する理由として被害者感情を主張する。被害者感情とは被害者になることを想像した場合の感情であり体験者の言葉ではない。ノルウェーの刑事政策学者ニルス・クリスティエが「理想的な被害者」[2]と表現したように、同情に値するような理想的な被害者像に当てはまらない人々は、支援の対象とならないだけではなく加害者のような憎しみを向けられることさえ起きている。

人を凶行に走らせるのは、心の傷である。救済されなかった被害者が加害を生むこともあるのだ。被害者・加害者という二極構造に囚われない視点から事件をたどる彼方に、修復の兆しが見えてくるかもしれない。

阿部恭子（NPO法人World Open Heart理事長）

2　N・クリスティーエ（齋藤哲訳）「理想的な被害者」東北学院大学論集法律学63巻（2004年）256〜274頁。

コラム④
書籍紹介

呪いが解けるとき

阿部恭子『家族という呪い──加害者と暮らし続けるということ』(幻冬舎、2019年)

　いま、ここまで本書を読み進めた方に問いたい。「自分の家族との生活は、幸せですか?」と。

　この本は専門書であるから、読者は専門家か、もしくはこの分野を学んでいるのだろうと想定する。しかし、ご自身の専門分野ではなく、一個人として自身の家族関係が幸せと言えるものかどうか、振り返ってみてほしい。

　筆者は、編著者である阿部恭子氏と10年以上、World Open Heart において加害者家族支援の活動を行ってきた。家族会や個別相談で彼らの話をずっと聞いてきた。目の前にいる加害者家族は常に、そして家族であっても常識的かつ模範的な人たちだった。「犯罪者を作り出した家族」として世間が想起する非常識さや無軌道さを感じさせることはない。礼儀正しい人たちばかりで、彼らはこの社会において「道徳的」でさえある。それは今にいたるまで「普通の家族」として社会に共有されてきた家族のイメージと一致すると考えて差し支えないだろう。私たちの社会にとっては、礼儀正しく道徳的な家族が「普通」の家族として理解されているが、ほぼそれと一致する。

　しかし、彼らが「恥」を忍び、嗚咽を漏らし紡ぎ出す言葉から、次第に違和感を感じることが増えてきた。「常識的で礼儀正しく、道徳的でさえある人たちが作り営んできた『普通』の家族は、はたして『幸せ』だったのだろうか?」と。そして、彼らの道徳とは正しかったの

か、私たちにとっての「普通」は正しかったのか、という問いを抱かざるをえない。これらの問いは阿部氏にとっても私にとっても、日増しに強くなっていったものだった。

　阿部氏は『家族という呪い』の中で、「普通」を目指すことに警鐘を鳴らす。「普通」を目指すことは常に自身と世間とを比較し、絶えざる「ベンチマーク」に身をさらすことである。常に他者との比較の中に生きていれば、「いま」「ここ」に生きている人間としての人生の意味を見失ってしまうだろう。そして、配偶者や子どもに対して「普通」（もしくはそれ以上）を求め始めたら、それは「いまここに生きている」というこの世での実存を否定することになる。

　そうした「実存の否定による悲嘆」が家族関係の中で植えつけられることで、加害者本人が罪を犯したケースは少なくない。それは親が「男らしくあれ」「しっかりしろ（＝自立しろ）」「他人様に迷惑をかけるな」「いい子でいろ」という、「常識的」で「道徳的」で「普通」に言うことではある。親として子どもを教育する以上、子どもをよりよくさせたい気持ちはあるだろう。もちろんそれは決して否定するものではなく、むしろ肯定すべきものであるはずだ。それが親の「愛」ならば。だが、その「普通」という価値観が、「親や家族が世間で恥をかかないための最低ライン」というただの基準線だったら、どうだろう？　そこに愛はあるだろうか？　もしかしたら「世間から外れてほしくない」「世間並み以上になってほしい」という、親の「欲」であったらどうだろう？　こうした問いかけを、筆者は家族会で投げかけることがある。特定の参加者ではなく、全員にだ。すると直後、その会の場に気まずい空気が漂う。しかし次第に「本当はどんな子どもであっても愛したかったのに」という言葉が漏れはじめ、「自分自身もまた『普通』に縛られていた」という言葉が聞こえるようになる。

　そう、本当は親自身も「普通」という価値観に縛られ、それに疲れていたのだ。こうして参加者たちは、自分を取り戻し始めてゆく。周

囲の目ではなく自分のまなざしで、自分を愛していこうと軌道を修正し始める。これほどまでに私たちは「普通」という価値観に縛られている。それは私たちもまた「普通」という価値観とイメージに依存し、しがみついていたのかもしれない。

　何年も参加している家族が「世間から何を言われようと、この子の親は私たちしかいない。だから私たちのやり方で愛して行きたい」と言ったとき、その家族は「普通」から解放されたのだろう。自分と自分の尊厳を取り戻したときに、人は他者と他者の尊厳を守れるようにもなる。つまり、「普通の家族」という呪いから解かれ始めたのだ。

　「家族という呪い」は絶対ではない。必ず解ける。家族の中にいる「私」に私の人生があるように、相手にも相手の人生がある。それは子どもでさえそうである。家族一人ひとりの人生を祝福することで、呪いが解けるのである。「祝」も「呪」も文字としては小さな違いでしかない。だが、そこに気づいたとき、私たちの目の前の家族たちの顔つきが変わっていくのである。

遠藤真之介（NPO法人 World Open Heart 副代表）

2019年1月30日・刊
定価：800円＋税
新書版・並製
226頁
ISBN：978-4-344985-33-9

第 3 部

少年の更生と
加害者家族支援

第1章
非行少年と保護者の支援
——本人の就労支援を中心に

佐藤仁孝（NPO法人スキマサポートセンター理事長）

はじめに
——NPO法人スキマサポートセンター[1]とは

　2015年1月に法人化してから、2019年現在まで約500件の加害者家族からの相談を受けてきた。その中には少年事件に関する相談も含まれている。

　相談の内容は、逮捕などによって表面化するものに限らず、万引きや金品の持ち出し、交友関係など多岐に渡る。そういった問題行動と合わせて、本人の将来や家族の関わり方について相談されることが多い。

　加害者本人の更生や自立は加害者家族にとっては大きな悩みであるが、適した相談先が見当たらず、加害者家族が当センターに相談に訪れる。加害者家族からの依頼で加害者本人を支援することがあるが、本人の自立や更生は、加害者家族の生活や精神の安定に大きく寄与する。

1　特定非営利活動法人スキマサポートセンター〈http://sukima-support.red/〉。

少年の
自立支援の
難しさ

　事件がきっかけで高校を退学し、少年院を出院した加害者本人への支援として、親からの相談では、本人の再犯防止と自立の支援を求めてくることが多い。本人は望んでいない場合もあるが、親に迷惑をかけた負い目から、また、矯正・保護に対する畏怖から、表面的に受け入れることがある。

　また、本人が家族の元に帰住した後、これまでの親子関係がギクシャクしてしまうことがある。親は本人に負担をかけないように、と配慮するが、再犯をすることに恐怖しており、これまでのように強く本人に言うことを避けたり、逆に過干渉になってしまうことがある。少年としては、親の言うことを素直に聞き入れている様子を見せるが、内心では自分の意見や要求を言えず抱え込み、家庭での居心地を悪く感じている者もいる。少年は、帰住当初は、仕事をするなど頑張っている姿が見られることもあるが、逆に反抗することが顕著に現れることもある。

　少年は、学校という居場所を失うと、社会的なつながりが急激になくなり、交友関係のみになってしまいがちである。少年院や、社会では保護観察、ハローワークなど、各所支援機関はあるものの、少年みずからが積極的に関わろうとすることは珍しいようにも思われる。言われるがまま、問題を起こさないように従うが、内心は関与されたくないと考えている者も多いように思う。そして謝罪をすることさえ苦手な少年が、支援を望むということは、ハードルが高いように思われる。

　本人の就労は、家庭の経済状況に大きく影響する。経済的余裕がない家庭では、家族も困窮してしまうことがある。本人の就労は、家族にとっては必須事項であるが、少年は精神的にも未熟で社会経

験も乏しく、就職活動の方法も知らない。安易に友人や知人の紹介で働いてみるものの、想像以上に厳しく、離転職を繰り返す者が非常に多い。働く辛さや、つまずきのトラウマ、前歴や中退などの学歴によって、自信を失っていることも見られる。

非行少年の家族の様子

　加害者家族となってしまい、家庭には激震が走る。主に相談に訪れるのは親である。

　　今後何をすべきか。
　　育て方が悪かったのか。
　　被害者にはどう接すれば良いのか。
　　兄弟には何と言うべきか。
　　本人の将来は。

　親は、自身の辛さに目を向けず、加害者本人や子どもに対して目が向いていることが多い。警察や関係各所、被害者への対応や加害者本人の将来の不安などから疲弊していることも多く見られる。加害者本人がなぜ非行を繰り返すのか理解に苦しみ、その原因を探している。何とか改善させたいと考えているが、適した相談先が見つからず、途方に暮れていることも多い。

　新聞やテレビといったメディアで報道されることもあるが、加害者が少年であることから実名や住所などは出ない。しかし、少年の行動範囲は限られており、被害者が近くにいることが多い。近隣や学校に被害者がいる場合もあり、事件の噂が広まるなど、近隣や学校に影響が出る。被害者も学校に行きづらくなり、居場所を失って

しまう場合もあり、被害者への配慮から加害者家族は少年とともに転居、転校を選択することも多い。

　少年本人は学生であることが多く、学校への対応が必要になることがほとんどである。事件の影響を考え、家族は転居をすることもあり、同時に転校をするが、本人が義務教育を終えている場合、事件をきっかけに退学することも少なくない。

　本人に兄弟がいることも多く、親としては他の子どもへの配慮も必要となる。本人と兄弟の年齢が離れていない場合、同じ学校に通っていることもある。転居、転校をする場合、親にとっては手続や経済面、社会生活や人間関係を失うなど、大きな負担となり、子どもとしては不本意であることが多い。また、事件の衝撃や親が疲弊している様子などが影響して、子どもに心身の不調が認められることもある。

　当センターで受ける少年事件に関する相談は、本人が家族の元に帰住する前提のものがほとんどであるが、親は、本人の再犯防止と自立を願っている。しかし、具体的に何をすれば良いのか解らず相談してくる。以下に二つの事例を挙げるが、相談者は親であり、少年は親の元に帰住しているものである。なお、以下に記す事例は、個人が特定されないように適宜加筆してある。

事例①──少年の発達障害

1．無免許運転を繰り返す少年と母親の聴取り

　少年A（17歳）は、度重なる無免許運転で保護観察処分を受けていた。しかし、保護観察中であったにも関わらず、再度無免許運転で検挙された。相談者である母親から事情を聞いていくと、幼少から非行傾向があり、小中学校ではいわゆる不良少年という扱いをされていた。学校には遅刻することが当たり前で、夜遊びなどを続け、

欠席も多かった。

　家庭状況は、父親は、Aが誕生してすぐに他界していた。母親が働き家計を担っていた。子育てに関しては親戚などの協力もあり、学校も理解があり協力してくれていたとのことであった。

　Aは小学校時に、教員から、授業中に集中力に欠けることや、立ち歩くことなどを指摘され、母親は教育相談に赴いたこともあった。ADHDではないかと母親は疑っていたが、診断を受けることはなかった。無理矢理に病院に連れて行ってもAが嫌がり、検査を受けることなどを拒んだためであった。

　母親は、Aがなぜ繰り返し無免許運転をするのかわからず、そして今後の対応もわからず悩んでいた。本件があってからも本人を病院に連れて行こうとしたが本人が拒み、なす術がなかったと話していた。筆者と面談中、これまでの生活や学校の記録、審判の資料などを持ってきて、細かく話をしていった。母親は自身の子育ての方法や、父親が不在であることの影響など、後悔や自責の念を持っており、辛そうに、時には泣きながら話をしていた。

　母親からの要望で、筆者はAと面談をした。Aは、筆者に対して礼儀正しく、気遣いができる印象を受けた。にこやかで人当たりが良く、コミュニケーションは得意な様子であった。

　Aの話では、小さい頃から勉強が苦手で、学校へは友達に会いに行っていたようなものであった。教員も、小学校の頃はよく怒られはしたが、中学校に入ってからというもの、怒られることはなく可愛がってくれたとのことであった。Aにとって友達や教員は大切な人であり、感謝をしていると話していた。

　筆者が、Aに苦手なことを尋ねたところ、室内は乱雑で、つい先ほど置いた鍵や財布がどこに行ったのか、よくわからなくなるとのことであった。また、アルバイトや友達との約束など、時間を守ろうと前日からアラームをセットするなど準備するが、守れないことが多く、何時に起きて、準備をして、家を出て、という時間のイメー

ジが持てず、それは決してわざとではなく、なぜできないのかと悩んでいると話していた。

Aは中学生のときから、同級生などと、バイクを盗んで運転するなどしており、無免許で逮捕されたのはこの時が初めてだった。中学校を卒業後、高校に入学したものの、再び無免許運転で逮捕され、それを期に退学した。その件で保護観察中であったが、Aとしては、運転をしてはいけないということはわかっており、親に迷惑をかけて後悔したことを忘れたつもりはなかったと話していた。しかし、また運転してしまった。その場の雰囲気というか、見栄というか、運転を断ることができなかったとのことであった。

2. 少年の特性の理解と支援

Aとの面談を進めながら、本人が困っていることを整理していった。とは言うものの、直接的に困っていることを言語的に表してくれるわけではなく、何が苦手で、何ができなかった、といった出来事や、失敗体験を集めていった。

それらの内容をまとめると、複数の物事を同時に考え行うことが苦手であることが明確になってきた。無免許運転で捕まる際も、赤信号を無視したことで発覚したが、赤信号で停車中、同席の者と話をしながら、横にいるパトカーを気にしつつ、右折して進み、その先の赤信号を見落としたとのことであった。

本人にそれを告げると、それが普通ではないのか、と驚くような表情をしていたが、飲食店のアルバイト先でも同じようなことを言われ怒られていることを話し出した。火をつけっぱなしにして焦がしたり、注文された商品を出し忘れたりしてしまうことがよくあるとのことで、途中で指示などを受けるとそれに集中してしまい、忘れてしまうと話していた。優先順位がつけられず臨機応変に動けないことを注意されることが多いとのことであった。

無免許運転に関しては、運転席に乗り込む前に、友人と一緒にい

て気分が盛り上がる中で、我を忘れてしまうような状態になると話していた。運転中は、友人と話をしたり、スマホで地図を見たりしていて、赤信号があったことはわかっていたつもりであったが、見落としてしまったと話した。

　運転は、複数の事柄を同時に判断し、動作をしなければならない。Aは自身が運転に不向きであることを自覚した様子であった。仕事の内容に関しても、飲食店など、段取りや複数の事柄を臨機応変に対応する必要がある仕事は向いていないとの自覚も芽生えた。逆に、一つひとつの事柄をこなしていくことには問題はなく、また、コミュニケーション能力や人当たりの良さを生かした内容の仕事はできる、と失敗の少ない仕事内容も明確になってきた。

　筆者は母親とAから聞き取った内容を元に、臨床心理士の立場から意見書を作成した。意見書の内容を母親とAに対して、Aが苦手な事柄を中心に説明し、具体的な対応策とともに、支援機関について提示した。両者ともに、医療機関の受診への動機が高まり、受診する必要があると両者の意見が一致した。両者ともに、治療の必要性を感じたというよりも、特性について理解したいという動機づけが強かったように思われた。

　また、Aの仕事についても話し合った。筆者は仕事上で起きるミスについて、現時点でははっきりはしないが、向き不向きがあると説明した。診断を受けてから、障害者雇用の可能性も含めて、特性に合った就労支援の受け方を具体的に伝えていった。

　その後、母親とAは医療機関を受診した。医療機関から母親とAに対して、非行傾向もあるが、衝動性に関して指摘され、具体的な対応について話し合ったとのことであった。その後、仕事に関しても、専門機関で職業評価を受ける段取りができた。

　両者の意見と問題意識が一致し、足並みをそろえて解決に向かい始めた。母親はこれまで暗中模索していたが、具体的な動き方がわかり安心を得たように思われた。その後、医療機関で診断を受け、

ハローワークを始め、専門機関の支援を受け始めたと報告があった。母親は、Aの苦手とする事柄に、これまでずっと疑問を抱いていたが解消されたと話していた。親として、子育ての大変さの中、叱ったりすることもあったが見直そうとしていた。Aとも話し合いができ、両者の関係は良好であるとのことであった。

3. 検討

　この事例は、事件が表面化し、家族と本人が事件の衝撃の渦中に置かれることで、彼らが問題性に向き合うことができるようになったと言える。それまで少年は自身の問題性に自覚はなく、支援の必要性を感じていなかった。他方で、母親は何か手立てを求めていたが、具体的に何をすれば良いのかわからなかった。母親が当センターに相談に訪れたことから始まり、第三者が介入して少年と面談ができたことによって、少年が自身の問題性に気づき始め、支援を受けることへの動機づけができた。そして、両者に対して、医療機関等の専門機関の情報提供、具体的な行動の指針を示せたことで、必要な支援につなげられた事例である。

事例②──非行少年の就労支援

1. 身元引受をした家族と少年の様子

　少年B（17歳）が事件を起こし、両親が当センターに相談に訪れ、今後どうするべきかと相談があった。Bが逮捕された直後に当センターに相談に訪れたため、私選弁護人の協力の元、筆者が少年鑑別所に出向き、Bと数回面談をすることができた。筆者は、事件の内容や両親と本人の想いを把握しており、Bと関係性が構築できた。

　事件直後両親は、事件の衝撃や、関係各所への対応などに追われていたが、対応を終えた後、当センターのピアカウンセリングに参

加し、徐々に精神的に安定していったように見受けられた。そして、本人が少年院を退所する前に、本人を迎え入れるための準備に取り掛かろうと、主に本人との関わり方や、再犯防止、本人の就労に関して個別相談に訪れた。

　母親としては、本人を責めたい気持ちがあり、感情的に関わってしまいそうで、それを抑えたいと話していた。父親は、本人が自立し、就労してほしいと願っていたが、前歴があり、保護観察中であることなどが就職活動に悪影響を及ぼすことを懸念していた。

　少年B（当時18歳）は、少年院を退院し、保護観察の下にあった。保護観察所、保護司との定期的な面談を除いて、ほかに支援は受けていなかった。Bは事件をきっかけに高校を退学した。しかし、同じ住環境に戻り、これまでの交友関係は変わらず、自宅まで友人が迎えに来て遊びに出るという毎日であった。

　家庭状況は、父親と母親と同居しており、父親が働いているため経済的には問題はなかったが、本人をずっと養っていく程余裕があるわけではなかった。両親ともに、本人の将来を危惧しており、そのため、両者で当センターに来所し相談を重ねた。

　Bは保護観察中に、一時的に建築の仕事に就いていたが、保護観察期間が終わるとすぐに無断で辞め、自宅にもあまり帰らなくなった。週に数回、寝に帰ってきたり、着替えを取りに来る程度であり、特に父親とは顔を合わさないようにしている様子であった。

　Bが、両親の勧めがあって筆者に電話をしてきた。横に両親がいるのか、渋々という様子が電話越しにも伝わってきた。筆者は、その状況を察して、両親にうるさく言われているのではないか、と尋ねると、その通りだと答えた。

　Bは、両親の干渉を避けようとしていた。両親には言えないが、学校にも行かず、仕事もせず、という状況に危機感を感じていた。Bの心情を汲んだ上で、一度会うことになった。筆者とはすでに関係性があったため、会うことに抵抗は少なかったように思われた。

2. 孤立している少年の就労支援と家族支援

　Bと面談をしていると、仕事を探したいが何が向いているのかわからないとのことであった。友人の働いている建設会社に誘われ、一日だけ働いたが、人間関係や仕事の内容が辛く、すぐに行かなくなった。仕事探しは、スマートフォンで求人サイトを見たり、コンビニなどに置いてある求人誌を見たりしているとのことであった。

　Bは、履歴書の書き方もわからず、正社員とはどういったものかも知らなかった。世の中にどういった業種や職種があるのかもわからず、自分が何をしたいのかもわからない。面接のマナーも知らず、さらにはスーツを持っておらずネクタイなどしめたことがない。周囲に手本になる大人もいなかった。

　そういった状況で、漠然と仕事をしなければならないとの焦りがあったが、自分など雇ってくれる会社などあるわけがないと話していた。それに対して、父親は仕事をしろと顔を合わすたびに言ってきて、家でいることも嫌になっていたとのことであった。保護司からも正社員の仕事を探すよう言われたが、そんなに簡単に仕事が見つかるわけがないと思っていたとのことであった。

　本人の仕事へのモチベーションはあった。しかし、稼げることと格好悪いのは嫌だというこだわりを持っていた。現場作業などの仕事は嫌で、かと言って事務仕事のようなことは考えられない。しかし、人と会うことは好きで、社交的であることが唯一の強みであった。

　一方、両親は、本人の考えや行動については、本人と話し合うこともできず、知る余地がなかった。筆者から両親に、本人に葛藤や焦りがあること、就職活動の仕方がわからないことなどを伝えると、両親は納得した様子であった。口うるさく言うことが、本人を追い詰めてしまい、その結果、親子関係に不和が起きていることにも理解をした様子で、関わり方について考えることになった。

　本人に対する就労支援として、まず、世の中には、業種・職種と

いうものがあり、それぞれに専門性があり資格という形になっていることなどを説明した。履歴書等の必要書類一式をパソコンを使って作成し、そのデータをUSBメモリに写して渡しておいた。転職の際には、経歴を書き足していけばすむためである。仕事の探し方は、ハローワークで探すことを勧め、実際にハローワークに行き、職員と三者面談をしてもらい、求人票の検索をした。相談することに抵抗がある者は多いが、一度経験しておくと、次の相談はしやすいと思われるためである。求人票の検索の仕方も伝えるが、その際に会社の事業内容や手当、保険関係などの説明をした。こういった就職活動を実践してみる過程で、筆者が手本になるような、電話での問い合わせ方や質問の仕方などを見せる。本人はそれを見て具体的な動き方を吸収していった。

　その後、筆者は事前に知人の不動産業を営む会社に問い合わせ、求人があることを確認しておいた。しかし、Bにはそのことは伏せておき、支援者の横で、その会社に面接希望の連絡を入れさせ、面接の日時を決めた。

　筆者から両親に、スーツを買ってあげてほしいと伝えると、喜んで買い与えてくれた。Bが試しにそれを着て筆者に会いに来たが、シングルのスーツのボタンを上下とも止め、ネクタイの締め方はいびつであったため、スーツの着方や手入れの仕方などを大人のたしなみだと言って教えた。髪も整髪料のつけ方など教え、格好良いとねぎらった。

　採用面接では、筆者も同行した。Bからこれまでの経緯を伝えるにはまだ荷が重いと判断したためであった。面接の練習を重ねていたため、社長との面接はスムーズであった。面接後、Bはやりきった表情をしていた。

　後日、その会社からBに採用の連絡が入った。Bから筆者に報告の電話が入り、やる気が感じられた。次の日から出社するとのことであった。しかし三日後、Bが来ていないと会社から筆者の元に連

絡が来た。本人に電話をするが出ず、筆者は一方的に、就職活動を労う一通のメールのみ送った。

　その後も、両親と筆者は電話で連絡を取り合っていた。本人の様子の聞き取りと、両親が落胆し、不安から本人の退職を責めることなどが予想され、両親の関わり方への助言を行っていた。

　後日、両親が当センターに相談に来た際、両親は、本人が実際に行動したことを認め、自立させようとの焦りは少なくなっていた。父親は、Bに大きな会社に入ってほしいなど、過度の期待を持っていたが、できることから始めて失敗しても良い、とBに伝えると話すに至った。

　その後も父親と電話で、Bの様子などについて話すことがあった。Bは、お金がないためか外出もせず、友人とも会っていない様子で、夜遊びなどせず、家にいるとのことであった。筆者は父親に、就職活動をしたことを労うように伝え、父親はその通りにしてくれた。するとBから父親に対して、どんな仕事をしているのかと質問があったとのことで、そんなことを尋ねられたのは初めてだったと父親は嬉しそうに話していた。

　それから約半年後、Bから筆者の元に連絡が入った。教えられた通りに就職活動をして、正社員の仕事の採用が決まったとのことであった。前に紹介してもらった仕事を無断で辞めてしまい、気まずくて連絡できなかったとも笑いながら話していた。両者とも喜び、また再会することを約束した。

　両親は、Bの再犯や離職などの不安が完全に払拭されたわけではなかった。しかし、朝からスーツを着て仕事に行くBの姿を見て、本人を誇りに思えるようになったと話していた。親子の関係は、会話はあまり多くはないが、Bの生活習慣も良くなり、両親は過干渉になる必要がなくなった。Bの出院後に比べると良好なものになったと考えられた。

3. 検討

　非行少年は、無断で仕事を辞めるなどすることが多い。仕事をあてがったとしても、気に入らなくなれば退職する。しかし、エネルギーは高く、向上心はある。枠の中でとらわれず、お金を稼いで格好良くありたい、そう考える者が多いように思う。そのため、離転職を見込んだうえで、就労支援をする必要があると考えている。

　家族が、当センターと事件当初からつながっていたことで、筆者が本人に面接に行くことができ、関係性を構築できた。就労支援の内容を家族に伝えることができ、家族が本人に必要であると認識を持っていた。本人みずからが支援を求めることは少ないが、家族が説明、説得することで、本人が就労支援につながった。鑑別所や保護観察所では緊張し、評価を気にし、問題と思われたくないためか、本音や自身の問題を隠そうとする者もいるように思われるが、当センターは行政機関ではないためか、本人は若干安心していたようにも見えた。一度は就職したが、すぐに退職することになり、一時的に本人への直接的な関与は途絶えるが、その後でも家族が電話や面談の相談に来ていたことで、間接的に本人とのつながりが維持できた。家族から本人の様子を聞き取り、家族としては本人に対して、就職を焦らせたり、叱責したくなったりとさまざまな感情や衝動が起こるが、当センターでその気持ちを吐き出すことで、家族が冷静に本人に関われるようになった。両親が適したアドバイスをできるようになり、家族が本人の就職活動を支える機能を持つことができた。必要であれば、タイミングを見て、家族から本人に再び当センターへ相談することを勧めることもできたであろう。家族が本人の就職活動を応援する姿勢を見せ、資金や物品を援助してくれたことも大きい。家族と支援者が同じ方向を向いて、本人を支えようとしたことの結果である。加害者家族を支援し続けることで、何度でも本人への支援機会となりうると考えられた。

本人が就労することで、家庭の経済的負担は大きく軽減する。また、本人も自信を取り戻し、徐々に社会人として成長していく。家族は、安心を得て、本人を誇りに思う。そうして両者の関係も良くなり、家族全体が団結していく。本人の自立が、家族の幸せであり、家族のその様子は、本人にとって再犯の抑止となり、良循環となると思われる。

おわりに

　逮捕という大きな出来事がきっかけで第三者が介入でき、加害者本人の自立の支援の機会になった。学校などの所属をなくした少年には家族が唯一の支えとなっていることがある。しかし、家族は専門家ではなく具体的な支援の仕方がわからない。そこで、専門家が介入し家族と足並みを揃えることで、問題解決に繋がる。本人の自立は、家族の負担を減らし、両者ともに利益のあることである。家族と本人の支援を合わせて行うことに効果を感じるところである。

少年院における
保護者支援
──東北少年院の取組みから考える

阿部恭子（NPO法人World Open Heart理事長）

はじめに

　少年院法17条１項は、「少年院の長は、在院者の処遇について、情報の提供、少年院の職員による面接等を通じて在院者の保護者その他相当と認める者の理解を得るとともに、少年院で実施する活動への参加の依頼等を行うことによりそれらの者の協力を得るように努めるものとする」と規定し、同条２項では、「少年院の長は、必要があると認めるときは、在院者の保護者に対し、その在院者の監護に関する責任を自覚させ、その矯正教育の実効を上げるため、指導、助言その他の適当な措置を執ることができる（傍点は筆者による）」と在院者の保護者の役割を規定している。

　本稿では、東北少年院の保護者講習会の内容をもとに、在院者の保護者支援に求められている課題について検討する。

東北少年院
の取組み

　筆者は、東北少年院で開催する保護者講習会で、少年の保護者を対

象に講演する機会をいただいている。筆者が、講師を担当する時間は、WOHで開催する「加害者家族の集い」のように、講師の周りを囲むように保護者に座ってもらい、近い距離感で平場の雰囲気を作るよう努めている。講師は30分程度講話をし、15分程度、質問や保護者同士の問題共有の時間を設けている。

　少年院法の文言は、「指導」「助言」と規定しているように、少年院と保護者間における対等な関係性の構築は難しい。少年院法17条2項に「在院者の監護に関する責任を自覚させ」とあるように、保護者には、積極的に少年の監護を担う役割が期待されている[▼1]。

　したがって、外部講師の役割は、保護者の目線に立ち、保護者に期待されている社会的役割からの緊張と重圧を緩和し、保護者と問題を共有する姿勢を示すことである。

被害者性の受容
——加害者家族の傷つき体験を語る

　少年法や少年院法では、保護者は更生を支える協力者となることを期待されているが[▼2]、保護者が支援を受ける権利を定めた法律はない。保護者に対して「被害者」としての視点が欠落している制度の限界を踏まえたうえで、加害者家族としての被害者性にアプローチすることが重要である。

　事件後、周囲の人々から同情され、慰められてばかりいたという保護者の話は聞いたことがない。多くの保護者は、事件後、どこに行っても頭を下げてばかりで、肩身の狭い思いをして過ごしている。

1　田宮裕・廣瀬健二（編）『注釈少年法〔第4版〕』（有斐閣、2017年）540頁。
2　少年法25条2項は「家庭裁判所は、必要があると認めるときは、保護者に対し、少年の監護に関する責任を自覚させ、その非行を防止するため、調査又は審判において、自ら訓戒、指導その他の適当な措置をとり、又は家庭裁判所調査官に命じてこれらの措置をとらせることができる」と保護者に対する措置を規定している。

しかし、保護者が罪を犯したわけではなく、決して子どもを犯罪者として育てたわけでもない。事件によって加害者家族も傷ついており、重要なことはその傷を癒すことである。

　保護者の中には、子どもが罪を犯した罪責感から、親として支援など受けられる立場ではないと考える人々も少なくない。地域の人々や親族にも迷惑をかけてしまったことから、人づき合いができなくなり、社会的に孤立する傾向にある。

　このような保護者としての社会的・心理的状況を踏まえたうえで、傷ついた加害者家族がどのように回復に至るのか、加害者家族支援から得た体験を紹介している。[3]

家族のケアと
少年の更生
——家族の回復の意義を伝える

　保護者の関心は、家庭よりも「少年の更生」に向いている。家族が何をすれば、少年がまっとうな道を歩んでいくようになるのか、その道筋を教えてほしいというのが本音だと感じる。

　少年の更生に焦る保護者の感情は、事件の影響による傷が深いところから生まれている。自宅にパトカーが来たり、被害者から怒鳴られたり、失職や地域を追われるような体験をした加害者家族の願いは、二度と同じことが起きてほしくないということだけといっても過言ではない。事件後、電話やチャイムが鳴るたびに警察からではないかと体が震えてしまうという人々も少なくない。少年の帰宅が遅ければ、どうしても悪いことが起きていると想像してしまう。

3　阿部恭子（編著）・草場裕之（監修）『加害者家族支援の理論と実践——家族の回復と加害者の更生に向けて』（現代人文社、2015年）125〜135頁参照。

それゆえ少年に向ける態度は監視的になり、視線を向けられる少年は、自分は信頼されていないと感じ、親に反抗するという悪循環が生まれている。

在院中の保護者がまずすべきことは、保護者自身のケアである。少年院にいる時期は、再非行や再犯の不安もなく、家族が精神的に落ち着くことができる期間である。したがって、自分自身のケアをすることを何より心がけてほしい。子どもが罪を犯した罪責感から親として「楽になってはいけない」「休んではいけない」と考えがちである。しかし、出院後、少年が無事に社会復帰を果たすまでの道のりは長いかもしれない。家族の手を離れれば離れたで、親としての心配はきりがない。だからこそ、在院中の監督は少年院に委ね、出院後の支援ができるよう家庭に目を向けることが重要である。

また、少年の兄弟姉妹のケアも心がけてほしい時期である。事件が起きると、親の意識は事件を起こした子どもに集中するため、兄弟姉妹はいろいろな意味で我慢を強いられている。兄弟姉妹が、事件について不安に感じていることはないか、事件の影響が学校生活や友人関係に及んでいないか、しっかりと悩みに耳を傾けることを忘れないでいただきたい。

具体的に、家族として困ったときに相談できる機関や専門家、また、少年の更生に関する相談機関や支援団体などのリストを作っておき、自分自身の支援体制を構築することを勧めている。トラブルが発生したときの備えをしておくことは、精神的安定にも繋がる。

事件原因へのアプローチ
──出院後に向けた環境整備

損害賠償や被害弁償の支払いに追われ、少年がなぜ罪を犯すに至ったのか、その原因に向き合うことなく少年院まで来てしまったとい

う家族も少なくない。就労を中心とした社会復帰支援は政府も力を入れているが、事件の背景に依存症や発達障害など、家族も認識していなかった問題が隠れていることもあり、治療を優先とした更生計画が望ましい可能性もあるのだ。

　家族は何をすべきか。それはあくまで、事件の背景を分析しなければ導くことができない。就労先や資格取得などの情報にばかり目を向けることなく、家族が見落としてきた問題がないか、在院中、もう一度事件を振り返っていただきたい。

出院後の少年との関わりを考える──家族の限界を意識する

1. 意識すべき3つの限界

　筆者は在院者の保護者に対して、出院後の少年との関わりについて、以下の3つの限界を意識することを勧めている。

　　　　①経済的限界
　　　　②時間的限界
　　　　③精神的限界

(1) 経済的限界

　経済事情は各家庭によってさまざまであり、少年の更生や社会復帰にどれだけ援助するのかも各家庭の判断に委ねられよう。家族の生活まで成り立たなくなるほどの援助や、借金をしてまで援助することは、結果として少年のためにはならないと考える。たとえ経済的に余裕があったとしても、無制限に援助を続けることは、少年の自立を阻むことになる。治療にかかる費用や資格取得の援助、就職活動にかかる費用など、少年からさまざまな援助を求められること

もあるだろうが、少年の自立を考えたうえで、いつまで援助するのか期限を考えて行っていただきたい。

(2)　時間的限界

　保護者は、自分自身や家族のことより、事件の処理に多くの時間を費やしてきたのではないだろうか。少年の就職活動の準備まで、子どもがみずから行うべきことを親が先回りしてやってしまうケースはよく見受けられる。少年に構いすぎることは、少年の自立を妨げる。自分のことは自分でさせることを意識していただきたい。

　保護者から「子どものために家族として何をすればよいか」という質問を受ける機会は多いが、その質問が出る時点で、過剰に関与している可能性も否定できない。むしろ、「何をしない方が良いのか」、一度、引き算の発想で考えてみていただきたい。

(3)　精神的限界

　「息子を殺して私も死のうと思った……」という保護者からの告白を聞いたことは一度や二度ではない。子どもの問題は、親が必ず解決しなければならないという発想が日本社会では常識のようにまかり通っており、究極の責任の取り方が心中や殺人になっている。しかし、親に子どもを殺す権利はない。限界を感じたならば、「逃げる」という選択肢を常に念頭においていただきたい。

(4)　まとめ

　保護者は、家族としての限界を踏まえたうえで、少年自身の力を信じ、問題が生じたときには、WOHのような家族支援団体や更生支援団体などの社会資源を積極的に利用することを勧めている。

おわりに

　筆者は、少年の身元引受人を経験したことがあり、「保護者」という立場で某少年院の保護者講習会に参加したことがある。ひとりで参加している保護者も多く、緊張を伴う空間だった。遠方から時間をかけて参加している保護者もおり、少しでも負担を軽くして帰っていただくことを願うばかりである。

　東北少年院の保護者講習会では、WOHのパンフレットと社会復帰応援求人誌「NEXT」[4]など少年の更生支援をしている会社などの情報を資料として配布している。その後、支援に繋がるケースもあり、東北少年院のような取組みが、全国の少年院に広がっていくことを期待したい。

写真　社会復帰応援求人誌 NEXT

4　社会復帰応援求人サイトNEXT〈https://next-kyujin.jp/aboutus/〉。

第3章
地域で保護者を
どう支えていくか

阿部恭子（NPO法人World Open Heart理事長）

はじめに

　本章では、少年事件の保護者と地域の関わりに焦点を当て、加害者家族を包摂できる地域のあり方を検討したい。ここで、「地域」とは学校や職場も含め、少年とその家族が生活している区域と定義する。

事例①
―― クレーマーとみなされた母親

1. 校内で起きた事件

　少年A（14歳）は、12歳のときに同級生に暴力を振るい大怪我を負わせ、Aの両親は被害者に高額な損害賠償を払い続けている。Aはこのとき、広汎性発達障害と診断された。事件後、家族は引っ越しを考えたが経済的な事情で叶わず、Aは地域の中学校に通うこととなった。母親は、担任に事件の内容を伝え、小学校ではAの特性が理解されずにいじめの対象となっていたことから学校側に特別な配慮を要請した。

　Aの母親は、提出物の期限をAだけ延ばしてほしい等、無理な要求をすることもあり、Aの教育をめぐってしばしば学校と対立して

いた。Ａの成績が芳しくない理由は、学校がＡの特性に十分配慮できていないことが原因であると不満を募らせていた。

　ある日、Ａは放課後に同級生と口論になり、相手に軽い怪我を負わせてしまった。学校から連絡を受けたＡの母親はパニックになり、事件が起きた原因は、Ａの発達障害を放置した学校の責任であり学校を訴えると言い出した。

　Ａの母親から相談を受けたX県の発達障害の相談窓口の担当者からWOHに連絡が入り、母親から話を聞いてほしいとのことだった。相談に訪れた母親は憔悴しきっている様子で、12歳のときにＡが起こした事件について話し始めた。

　Ａはほかの子どもより体が大きく、怒りのスイッチが入ると抑えられないところがあり、幼い頃から喧嘩が絶えなかったという。それでも腕白な男の子として地域の人々は温かく見守ってくれていた。ところが12歳のとき、同級生に一時、生死の境を彷徨う程の大きな怪我を負わせてしまった。それ以来、仲良くしてくれていたＡの友達や保護者たちは皆、離れていき、Ａの家族は孤立した。多額の損害賠償の支払いのために、一家の経済状況は、ゆとりのある生活から一変、困窮すれすれの生活となった。

　被害者家族からは、親の育て方が悪いせいだと罵倒され、「Ａは必ず将来殺人者になる」と言われた言葉が脳裏に焼きついて離れなかった。Ａの母親は、Ａが二度と事件を起こさないようにと家庭でも外でも監視的になり、学校に対しても攻撃的になっていった。

　筆者は、母親の了解のもと、Ａの担任と連絡を取り事情を聞いたところ、Ａの母親は「モンスターペアレント」と認識されており、学校だけでなく相談を受けた担当者は一様に頭を悩ませていた。一方で、Ａの評価は高く、普段は穏やかで人当たりが良く、クラスでは嫌われたりいじめられたりはしていなかった。体が大きいので、喧嘩になると相手が怪我をするリスクが高く、気をつけるようにということは本人も同級生たちも理解していた。Ａはむしろ、家庭での

母親の過干渉に悩んでおり、友人関係に口を出されるのが迷惑だという。今回の事件も、被害者とAが遊ぶ約束をしていたところ、Aの母親が止めたことが原因で起きていた。学校も相談窓口の担当者も、Aの母親が息子と距離を取るにはどうすればよいかを問題と考えていた。

筆者は、毎日のようにAの母親から相談電話を受けた。Aの母親は、事件後、仕事を辞めてしまい、交友関係もなく親戚づきあいもなくなり、四六時中Aの心配ばかりする生活になっていた。母親自身の生活を取り戻さないと、過干渉は悪化するばかりだった。

筆者は、Aにアルバイトを勧め、週に数回は家を離れることになった。定期的に開催している加害者家族の会にも参加してもらうと、ほかの体験者の話を聞くことで気持ちが楽なったと話すようになった。最初の相談から数カ月が経過した頃には、まるで人が変わったように攻撃的な口調は穏やかになった。Aの母親はこれまで、Aがまた事件を起こすのではないかという恐怖に囚われていた。その不安を打ち明ける場所ができたことにより、不安が減ったと話す。また、加害者家族として生きづらさを抱えているのは自分だけではないとわかり、これまですべての人が敵に見えていたが、他人を信じる力を取り戻すことができたという。

筆者は、この間Aの担任とも電話で連絡を取り、Aの母親がクレーマー化していった背景を理解してもらうことに努めた。数カ月後、Aの担任から、母親からの無理な要求はなくなり、Aも順調に学校生活を送っていると報告を受けた。

2. 検討——学校と保護者をつなぐ役割の必要性

学校もまた、子どもの教育が主たる役割であって、保護者への関りはあくまでその範囲に限定される。保護者にとっても学校は、常に味方であるとは限らず、敵対する場合もある。子どもを人質に取られているような状況で、保護者が正直な胸の内を学校関係者に吐

露することは難しい場合が多く、WOHのような完全に保護者側に立った相談体制が必要である。

　本件では、母親の事件に対する罪責感が子どもへの関与を強め、加害者家族としての経験から社会不信に陥り学校側に対しても攻撃的になっていた。社会で孤立しながらも必死に子どもを守らなければならないという母親の使命感が過剰な対応を招いていたという加害者家族の心理を学校側に理解してもらうことによって、保護者対学校というさらなる火種を消すことができた。

　本件の地域には、発達障害の市町村の相談窓口は存在するが、同じ悩みを持つ人々による自助グループの活動などは見つからなかった。加害者家族の会の開催地までも2時間以上を要しており、都市部の加害者家族に比べると、悩みを抱えた人々が問題を共有できる場がなく、孤立しやすい環境が問題を深刻化させていた。

　保護者サポーターは、弁護士やその他の専門家といった個人でも担いうる。子どもが関わる問題では、「子どもをどう守るか」という点が最も重要であることは間違いないが、一旦、保護者自身に焦点を当て、家族側の生活環境や考え方の変化によって、問題が解決に向かう可能性を検討してみることが重要である。

事例②
―― 排除されるマイノリティ

1. 家族の暮らす地域で起きた事件

　少年B（17歳）は、13歳以下の男児への強制わいせつにより少年院送致となった。被害者宅はBの家からそう遠くはなく、被害者からは家族ごと転居してほしいと言われた。Bはこの地域に未練はないと主張したが、両親は経済的事情から転居は難しく、地域に住み続けることを許してほしいと被害者に申し出た。その代わり、出院後、

Bが再犯しないようにさまざまな更生プログラムを受けさせること
を約束した。

　出院後Bは、親の紹介によってボランティアやアルバイトを始め
たが、二週間ほどして自殺未遂騒動を起こしてしまった。地域の人々
はBを温かく迎えてくれたものの、Bは人々に馴染めず将来の希望
もなく塞ぎ込んでいた。対応に困った両親は、当団体に繋がった。

　筆者はまず、Bと話をすることにした。Bが暮らす地域は人口の
少ない町で、各家庭の事情が近所に筒抜けになってしまうような環
境だった。それでもBを排除するような動きは起こらず、周囲の人々
も更生に協力的だったが、Bにとっては地域の人々との関わりがむ
しろ負担になっていた。

　Bは、自分は同性愛者で性同一性障害だと考えている。小学生の
頃から性別に違和感を抱くようになったが、男尊女卑の強い地域で
そのような悩みを誰かに打ち明けることはできなかった。男の子が
夢中になる野球やサッカーなどの遊びに入っていけず、乱暴な男の
子たちにからかわれたり、いじめられたりすることがあった。中学
校までは仲の良い友人が存在したが、高校に入ると友達に馴染めず、
不登校気味になっていた。

　被害者は近所の少年で、Bとよく遊び、Bが勉強を見てあげてい
た。被害児童もまた同級生の男子の輪に入ることができず、女子よ
り男子に性的関心があり悩んでいた。Bと被害児童は学校にも行か
ず、ふたりで会うようになり、帰宅が遅くなることも増えていった。

　Bの保護者は、セクシュアル・マイノリティについてまったく理
解がなかった。精神科に通わせれば「治る」と考え、健康になるよう
にとBをスポーツや早朝の清掃活動に参加させた。地域の支援者た
ちも両親同様に、「体を鍛えて生活のリズムを整えれば悪いことは考
えなくなる」といっていろいろな活動に連れ出したが、Bのセクシュ
アリティについてはまったく理解していなかった。Bは、都市の大
学に進学し、地元を出たかったが、事件を起こしたことで両親に迷

惑をかけたこともあり、本音を言い出しにくかった。

　Bの両親は、自営業者で将来はBに店を継いでほしいと考えていた。Bは自分にそれ以外の選択肢はないと思いながらも地元から解放されたいと願い、自殺を考えるようになっていた。

　筆者はBの両親と面談を重ね、今後のBの将来設計はBに任せ、可能な限り応援してほしい旨を伝えた。医師や弁護士も含めてBの更生に関わった地域の人々がセクシュアリティに関して誤った認識を持っており、Bを追いつめていた事実に衝撃を受けた。こうした地域の人々の偏見もまた事件の要因となっている側面は否めなかった。このような環境下でBを更生させることは非常に困難である。

　Bの母親は、セクシュアル・マイノリティに関する書籍を読んだり情報にアクセスすることによって少しずつ認識を変えていった。一方、父親は事実を回避し続けた。それでも、息子の将来については親が口を出さずに本人に任せるという結論となり、Bは希望通り、地元を離れて都市部で暮らすことになった

2. 検討——地域へのアプローチ

　WOHには、全国各地から相談が寄せられているが、都市部と地方の小都市では、情報の普及や社会資源において、加害者家族を取り巻く環境に大きな差があり、田舎に行けば行くほど生きづらさは深刻である。

　本件は、過疎地域であることから子どもが少なく、子どもの支援に関わるボランティアもかなり高齢化しており、「セクシュアル・マイノリティ」「加害者家族」といった問題に疎く、少年は苦手なスポーツを強いられるなど二次被害を招いていた。

　少年事件では、家族が損害賠償責任を負っているケースも多く、本件のように持ち家の処分が難しい事情などから転居が困難な場合もある。したがって、保護者への直接的支援のみならず地域にもアプローチすることが求められている 。

具体的に以下のような活動によって地域の加害者家族理解を進めている。

(1)　地域住民が対話する「人権カフェ」

　「加害者家族」というテーマを中心に、マイノリティや人権問題について、地域住民と語り合う「人権カフェ」を地方で開催している。地元メディア、地域で人権や更生に関わる活動をしている人々、人権相談に関わる市や県の職員などが参加している。

(2)　情報弱者へのアプローチ

　SNSの普及により、地域を超えた人々と繋がる空間ができているが、利用したことがない人も存在しており、そのような人々にも情報を届ける工夫が必要である。

　WOHでは、地域の図書館に加害者家族に関する本を贈呈し、「加害者家族を理解するコーナー」を設けてもらうよう要請したり、地域住民に配布される市民便りに情報を掲載してもらうよう要請する活動を行っている。

　メディアに取り上げられる効果も非常に大きく、可能な範囲で取材協力や情報提供を続けている。

(3)　各種専門家への啓発

　前述したように［→144頁］、保護者サポーターは個人でも担いうることから、各地の弁護士会を始め、各種専門家間における交流や勉強会を重ねている。

おわりに

　全国で活動を展開していくなかで、殺人や性犯罪など専門的な知

見を要する複雑なケースは、対応できる専門家が存在し、プライバシーが守られやすい都市部の方が加害者本人を含めて家族が生活するうえで生きやすいのが現状である。

　地方で生活するマイノリティの生きづらさをどのように緩和していくべきか。地方が発展していくうえで、避けては通れない問題である。

書籍紹介

メディアの役割と限界

中日新聞社会部（編）『少年と罪——事件は何を問いかけるのか』（図書出版ヘウレーカ、2018年）

　少年事件報道は少年のプライバシーへの配慮から、情報へのアクセスに制限がある。私たちが少年犯罪を考えるにあたり、十分な情報は届いているだろうか。

　伝えられるべきは、少年や家族が誰でどのような顔をしているかよりも、彼らが何を考え、何が少年を犯罪に走らせたかである。

　犯罪報道の意義とは、個人のプライバシー保護の必要性との緊張関係を維持しつつ、事件の背景にどのような事情が存在したのかを伝えることだと考える。私たちはその情報をもとに、再発防止のために個人ができること、社会がすべきことを考える。

　筆者は、日本の犯罪報道の問題として、逮捕前後の集中的・一時的な報道に留まり、長期的な視点での検証報道が少ないことを指摘してきた。本書はまさに、さまざまな関係者に長期的に取材を重ね、事実に留まらず真実に迫る作品である。

　犯罪史上、最も社会を震撼させた神戸連続児童殺傷事件の犯人「少年A」。当時、14歳の少年による大胆不敵な犯行は、世間を愚弄し、その後に起きた数々の事件に影響を与え続けている。元名大生事件を始め、本書で紹介される数々の事件に「少年A」の影が潜んでいるように、この事件なくして日本の少年事件を語ることはできない。

　筆者も十代の頃、「悪」に憧れを抱いたことがある。「不良」「非行

少年」とレッテルを張られる子どもたちはむしろ自由で、権威を相対化している進歩的な存在にすら見えることがあった。世の中の常識や法が常に正しいとは限らない。それに歯向かう者は、社会のあるべき姿を問い直す存在にも思えた。

　しかし、少年Aが犠牲にしたのは無抵抗な幼い子どもたちである。その犯行は卑怯かつ残忍であり、理解不可能な「悪」の存在に、無力感しか抱くことができなかった。

　加害少年たちはAに何を求めたのか。いじめ、差別、虐待、無関心……、子どもたちが体験してきた数々の「不条理」。狭い世界で、もがけばもがくほど無力感に苛まれる日々に、多くの人が拠り所とする秩序や倫理観を木っ端微塵に破壊したAに強さを求めたのかもしれない。

　人は誰しも残忍な面を持っている。その残忍性は、日常に顔を出すことはない。それゆえ多くの人はその本性に気がつきもせず、善人のように振る舞っている。しかし、戦争や暴力が横行する社会で、その本性はむき出しになるのだ。そうした偽善性を嘲笑うかのように最大のタブーを犯した少年A。その歪んだ欲望は、誰しも心の中に潜んでいるものかもしれない。

　インターネットやSNSの発達は、犯罪にも影響を与えている。子どもたちの生活環境が変化することによって犯罪の内容や傾向にも変化が生ずる。急速な社会の変化から生み出される少年事件に対して、理解に苦しむ大人たちも少なからず存在する。だからといって、動機が理解できないことを理由に加害者少年をモンスター化し、厳罰によって社会から追放することは問題の解決ではない。

　本書第12章の「解明されなかった闇」は、少年の成長とともに明らかになる可能性は否定できない。世間の関心は薄れても、被害者と加害者、そしてその家族にとって事件の終わりはない。この事件の続きをいつか知りたい。

少年の生育歴の分析や更生環境を考えるうえで、重要な役割とみなされてきた加害者家族であるが、本書ではその葛藤や苦しみにも焦点が当てられた。子どもが犯罪に巻き込まれる想像はたやすくとも、子どもが加害者になる可能性は多くの人が遠ざけている。

　加害者家族の存在は、これまで可視化されてはこなかった。実態が見えないゆえに、モンスターを生んだモンスターとして身近な存在から切り離し、多くの人が安心感を得ていたのだ。しかし、少年による犯行の異常性に説得力を与えるような特異な家庭はそう多くはない。こうした実像が伝わることは、人々の当事者性を喚起する。

　少年法はこれまでも、重大事件が発生するたびに厳罰化が叫ばれ、改正議論が繰り返されてきた。少年法適用年齢を20歳未満から18歳未満に引き下げるか否かが議論されている昨今、本書は、少年法のあり方を考える上で貴重な資料となるであろう。

　　　　　阿部恭子（NPO法人World Open Heart理事長）

2018年10月8日・刊
定価：1,600円＋税
四六版・並製
272頁
ISBN：978-4-909753-00-7

第4部

少年事件
加害者家族の
心理的支援

第1章
保護者と少年それぞれの
面接事例からみる心理的支援

相澤雅彦（臨床心理士、公認臨床心理師）

はじめに

　加害者が未成年の場合、本人から相談が持ち込まれることは非常に稀であり、保護者からの依頼に対応することが多くなる。支援の依頼を申し込まれた保護者を当面のクライエントと同定し、支援をスタートさせることとなる。一方で、保護者の多くは自分はクライエント当事者ではなく、当事者は加害を実行した少年、つまり自身の子どもであると考えているケースが少なくない。「あの子の更生のためにも、本音を聞き出してほしい」といった依頼への対応が求められる。

　実際には少年の加害行動の背景には本人の要因だけではなく、保護者同士の関係や父と本人、母と本人、学校での過ごし方や友人関係といった幅広い関係性が影響している。個人の要因のみならず、関係性を全体的に見立てることが、本人の行動理解に不可欠である。そして、単なる本人の更生を専門家につなげる仲介者としてではなく、保護者自身も支援を受ける当事者と受け入れられるような考え方の変化を促すことは、それぞれが困りごとの当事者として主体的に取り組んでいくことにつながり、加害者本人の主体的な構成への取組みにもつながると感じている。

　思春期という時期は積極的に他者の支援を受けること、感情や価値観を言語化することに抵抗を感じて、支援を拒否することも少な

くない。なので、保護者からの依頼に応じて本人の心情を把握するような面接が例外的に実現すれば、本人の変容を促すことだけではなく、保護者の本人に対する理解や対応の変容を加速させる可能性が高まる。

　本稿では保護者からの依頼を受けて実施した本人との面接の概要および本人面接の前後に実施した実母との初回面接およびフィードバック面接の事例を示し、少年加害者家族への介入について検討したい。

事例検討

1. 心理支援への経緯

　　　　加害者　　17歳、男性、普通校、サッカー部所属
　　　　加害内容　窃盗（複数回の万引き）
　　　　家族構成　実父：本人が小学校6年生時に病死
　　　　　　　　　実母：40歳代、正社員

　警察から報告を受け実母が警察に駆けつけた。本人は反省した様子であり、本件は事件化せず厳重注意を受けて帰宅となった。まず実母がWOHに家族相談として繋がった。実母の支援を継続していく中で、思春期の不安定さの影響も強く、実母は本人と十分なコミュニケーションが取れず、加害の動機や現在の心情を把握できずに悩んでいる状況であった。実母は心理の専門家との相談を繰り返し提案したところ、本人も渋々ではあるがそこまで言うなら一度話をしてみてもいいと承諾し、面接につながった。

2. 実母との初回面接——家族歴や本人の様子について

(1) 家族歴の概要

　本人は幼少期より地域のサッカーチームに所属し、スポーツに熱心に取り組んできた。父は多忙で不規則な生活であったが、母とともに本人の育児にも関わり、休日はサッカーチームの手伝いなども積極的であった。母も正社員として働いており本人を保育園に預けて生活していたが、保育園の適応も問題なく過ごしていた。

　本人が小学校6年生のときに、父が心疾患によって予期せず亡くなった。母は深い失望を感じていたとのことであったが、本人は客観的に現実を認識するには至らず、葬儀等の記憶もなんとなく覚えている程度であると述べていた。成績は中程度であり理系の科目の方が得意であった。友人関係は良好であったが、本人はどこか表面的な安定を維持することに気を使っていて、深い信頼を築けるような関係を実感することはなさそうとのことだった。実母は父との死別以前から仕事の合間を使って本人に関わろうとしており、父の死別後は接する時間は少なくなってしまったが、母が本人をケアしようとしている気持ちは感じていた様子であったとのことだった。

　一方で、中学入学以降は心身の変化もあってか実母との会話は激減した。あるとき本人が、同級生が父とケンカをしたと聞いたことについて、何気なく話すことがあった。「息子にはそのような相手がおらず、亡くなった父に見捨てられたような寂しさや空虚感を抱いたり、突然の死別に対して怒りのような気持ちを感じていたのではないか」と当時の本人の心情を推測して話してくれた。また、「本人には苦しい気持ちがあったのに私の苦痛を案じて自分の辛い気持ちを表現してこなかったのならと思うと心配。本人を我慢させていたことが事件につながっていたのであれば、私の責任です。でもどうしてあげればいいのか。私も正直ショックで何も考えられない」と混乱や不安に巻き込まれた心情を吐露してくれた。現在本人は通常

通り登校しており、部活動にも取り組んでいるので、実母の勧めもあり学校の教職員や生徒には今回のことは誰にも伝えていないとのことであった。

⑵　事件によって浮き上がった家族間の問題

　筆者は、まったく予測していなかった息子の窃盗という事態から、強いショックを受けたであろと伝えた。「最近は顔を合わせても気難しい表情で挨拶をすることなく自室に入ってしまう。息子とどう関わればよいのか困惑する毎日です。しかし、幼少期から優しい性格で好きなサッカーも頑張っており、まさか警察から連絡が来るようなことをするとは想像もしなかった」と涙を流しながらした。

　筆者は、「我が子と言っても小さいときのように親がすべてを把握することはできない。しかも思春期の只中であり、異性である母親に素直になれなかったり、何かとイライラさせられるのは情緒発達的には健康的と言える。反発や反抗的な態度はそれまでの安全な母子関係が基盤となって生じるので、自身の養育態度を殊更責める必要はないと思われる。事件のことがあり、非常に心配だと思うが、今は本人を心配するあまり監視したり、口うるさく詮索するような関わりは、本人の更生や自律には逆効果になるとも考えられる。心配なことがあれば我々スタッフに連絡してほしい」と伝えた。

　また、「実父との突然の死別の経験が非常に大きな影響を与えたであろう。母子ともにこの経験の情緒的な整理は十分なされいない可能性が考えられる。事件とは直接関連していないかもしれないが、本人への心配に使ってきた時間のいくばくかを、お母さんご自身のこれまでの生活の振り返りに当ててもらい、気づくことがあれば次回にぜひ伝えてほしい」とも伝えた。「実母が支援を求められたこと、面接の中では率直に困難な現状や心情を伝えてくださったことは本人の変化をすでにスタートさせていると思う」と伝えると、安心な様子と、どこか半信半疑という表情であった。実母にとっては本人

の現在の感情や事件当時の動機がわからないことが何より心配であり直接会って面接をしてもらえないかとの強い希望があり、次回は本人との個別面接を実施することとなった。

初回面接の介入ポイント

① 日常生活では他者と共有することの難しいであろう実子の加害から受けたショックを実母本人のペースで話してもらうこと→否定的な感情、実子に対する心配、夫との死別等、重なりあう困難な課題の整理。

② 思春期男子と母親との関係の変化過程における困難さの心理教育→事件のインパクトの影響から生じる母子関係の悪化の恐れから、一般的な発達上で生じる可能性を知ることによる落ち着きの回復。

③ 自身のこれまでの人生を振り返る課題の提示→実子に対する罪責感の強さと心理的距離を調整し、実子を何とかしようとしすぎる焦りや行動の低減。

---

3. 本人面接の流れとポイント

(1) 序盤——本人をクライエントして迎え入れる

　保護者の意向での面接依頼であり、支援への動機づけは高くない状況が想定された。思春期の情緒的、言語的な発達段階を考慮すればスラスラと質問に応じてくれる可能性は低いと考えて面接に臨んだ。非行のケースで出会う支援者からは、相手が未成年であることが強く影響して、一般的な善悪の理屈を教え込んだり保護者の真意を代弁して「親の気持ちも理解しろ。もういい大人なんだから」等と説教と感じる対応を受けることが多いことが一因であろう。本人の

今の気持ちよりも、再犯してほしくない、考えてほしくないという、大人の事情が（善意から生じているとしても）優先されやすい。傷つきやすい時期を過ごす少年等にこそ、まずは目の前にいる大人に対して「この人にだったら話してもいいかな」と思ってもらえるような関わりを続けることが、相談の主軸となるとも言える。後に加害について話し合う手段としての「信頼関係づくり」と考えて「そろそろ本題に入るけど……」といった様子で後に加害時について話を切り出せば、思春期や青年期のクライアントはただちに心を閉ざすであろう。

　サッカー好きという情報はあったので、スポーツの話題を中心に筆者がサッカーがとりわけ苦手であること等を冗談めかして伝えながら、端的に言えば「仲良くなる」ことを重視した。面接の依頼人は実母であるから、実母の意向である加害時の心情や更生への意欲等を聞き取ることが求められることは気になる点であったが（経費も実母が負担している）、本人にとって親の顔がちらつくような態度を筆者は意図的に抑制した。一方で継続的な面談は困難であることが予測されていたので、本件加害につながるリスク（再加害を後押しする危険要因）とコーピング（リスクを減じたり、良い状況を維持するための行動）をしっかりと共有しておくことは不可欠と考えていた。

(2)　中盤——本人のニーズ、資源の共有

　しばらく学校生活や趣味の話など、本人にとって楽しいこと、重要なこと等のやりとりを続けた。決して望まないであろう来談を労い、今日の面接の目標設定の質問として「今日は来てくれてありがとう。せっかく来てくれたら、今日帰るときに来てよかったな、と思えたとしたら、どんなことが話し合えたらいいと思う？」と聞いた。すると「僕はもう大丈夫です。それよりもお母さんが僕のことを心配しすぎているので、僕がもう大丈夫と思っていることを伝えてもらいたい」との答えが返ってきた。自分の考えを言語化できていること、実母も本人もお互いを心配していながら行き違いが生じてい

たことを確認したところ、安堵と不快が入り混じったような複雑な表情を浮かべていた。本人の希望は確実に伝えることを約束すると一息ついたように笑顔になった。

　時系列を逆行する形で「何が大丈夫と思えることにつながっているのか？」と質問した。原因よりも現在役立っていること、今後の更正につながる本人と周囲の資源を確認することが先決だからである。「実は一人だけ信用できる友達に今回のことを話したんです。そうしたら困ったことがあったら俺に話せよと言ってもらえて。何かあれば話すし、今まで人に頼るのが苦手だったから友達に話せたことが大きかったかな」と述べた。弱みを開示することへの抵抗感の背景には父の突然の死があり「自分は家族に心配かけないようにしっかりしなければ」とはっきり意識はしていなかったが、影響していたのかもしれないと振り返ってくれた。やりとりの印象から、家族や学校といった社会集団への過適応傾向が感じられた。

　筆者は、これまでのスクールカウンセラーの経験等から、集団スポーツの文化では活発であることや社交的であることが望ましいと指導されることが少なくないと感じることが多かった。「これまでの学校生活では社交的で友達は多い方が良いと言われることが多かったのでは？」「今の年齢では自分にとって信用できる誰かとのつながりを深めていくことが重要だと言われているよ」といった心理教育的な情報を伝えた。

⑶　終盤——加害について

　会話の流れに沿って、ここで本件加害につながる理由や心情について質問した。「正直よくわからない。でも、物がほしかったわけではないのははっきりしている。今回見つかってしまったけど、ある意味ホッとした気持ちもある。サッカーが思ったようにうまくいっていないイライラはあったかも」と述べた。家族関係の影響だけではなく、現在の自分の困りごとが影響していた可能性にも言及して

くれた。一般論として窃盗は繰り返されやすいとも言われているので、イライラしたり困ったときには一人で抱え込まずに誰かに話すこと、自分が安心できるイメージを思い浮かべながら深呼吸することは、近視眼的な状況から視点を切り替えるのに役立つことを伝え、呼吸法を一緒に行った。

面接を通して本件加害につながるリスクとなる考えや感情、よい状態維持に役に立つ資源を自分の言葉で伝えられた点を改めて本人の強みとして共有した。筆者から「今後の可能性として他者の気持ちに配慮しすぎて自分の気持ちを抑えてしまう傾向はあるように感じたよ。頼りになる友達にも、話したら荷が重すぎてわかってももらえないかもなって思うようなことがあったら、またいつでも連絡してね」とWOHの連絡先を伝えて面接を終了した。実母に伝えてほしくないことを確認すると、家族に心配かけたくないと思っていることについては伝えてほしくないと答えたので、自分で話せるときが来たら自分の言葉で伝えてほしいと約束した。

4. 実母へのフィードバック

(1) 序盤——事件から生じる母子関係の調整

後日、実母に本人との面接の様子を伝えた。実母は非常に不安そうな表情で来談した。「私にはほとんど何も話してくれないので、きちんと話しをしてくれるか心配で」と述べていた。筆者からは、「私も何も話してくれないのではと緊張していたが、私の質問に自分の言葉でしっかりと答えてくれていたし、とても和やかな雰囲気の面接でした」と伝えると安堵していた。母に対しては仕方がないが、面接場面でさえ事件について思ったことを素直に話さないのならば、本人の今回の事件への反省の意識が希薄である証拠ではないかと捉えていたことが確認された。同じような事件を繰り返してほしくないという思いやる気持ちと、またやるのではないかという疑念とが入り混じっていた印象であった。

警察から連絡が来るという事態が生じれば家族が心配することは当然である。本人が事件について多くを語らないこともあり、本人の実際の様子を通り越して母の不安は膨らまざるをえなかったのであろう。そして本人は過剰に心配されることを避けるために、ますます実母との関係を遠ざけるという悪循環が生じていると考えられた。筆者は、「お母さんの心配しているよりもずっと、本人は現在の生活を立て直すことができている様子であった。僕はもう大丈夫と言っていた。友達にも思い切って困ったことを話すようにしているとのことだった」と本人との話し合いで聴取した前向きな気持ちやすでに取り組んでいる変化について伝えたところ心底安心した様子であった。

(2)　再犯への心配への介入

　さらに本人は再犯の可能性はないと考えていると話していたことを伝えると、一旦は安心した様子であった実母から「本当に大丈夫なんでしょうか？」と強い不安が訴えられた。自力で生活を立て直そうとしている今の本人にとっては、心配の眼差しを送られるよりもある意味放っておいてもらうことで、実母の信頼の気持ちを伝えてほしいと考えている様子であると伝えた。また、相手が未成年の実子であり良かれと思っての行動であっても、本人の意向を無視することは侵入的な体験となり、本人の中に芽生えつつある自律を阻むことにつながる可能性を伝えた。一方で本人は未成年であることから保護者に監督の責任はあること、聞いていないようで本人には親からの声かけや関心は届いていることが多い。保護者も素っ気ない態度を装いつつ、挨拶をしたり健康状態の観察等は続けてほしい。加害のことを蒸し返すよりは、部活動の様子やこれからの進学の困りごとといった具体的な話題がほどほどに語りあえるような距離の取り方を模索することを当面の課題として共有した。一緒に過ごす時間が長引くとどうしても本人の様子が気になると思うので、こんな

ときこそ仕事に打ち込んだり、趣味にチャレンジする等自分自身の時間を持って安定していることが、本人の安定につながることも具合的な対処の例として伝えた。

⑶　実父の喪失体験について

　また、実父の死が抑制的な態度につながっていた可能性についても話し合うことができたと伝えた。窃盗という行動を生起させた要因として他者との関係を持つことに抑制的で否定的な気持ちが蓄積されていたこと、意図してはいなかったがそんな気持ちを誰かに気づいてほしかったことが一因として話し合われたことを本人もある程度理解していることを確認した。実母は「前回言われたように自分でも夫とのことを振り返った。私にとっても非常に重要な出来事でまったく整理がついていないと気づいた。働くことで精一杯だった。かまってあげる時間が少なかったことも、今の心配ににつながっているかもしれないと思った」と話してくれた。「実父の死別の体験は二人にとって重要であるからこそ避けられてきたかもしれず、無理に思い出すことはないが折を見て母子ともに話し合えるような時間を持つことは、本件を惹起したような不安や緊張を和らげたり、母子関係を安定させたりすることにつながると思われる」と伝えると、実母は「頑張ってみます」と答えていた。本人は大丈夫と言っていたもののすっかり安定したわけではなく、不安を感じることはあろうと思われるので、実母が本人との関わり方を中心に支援を継続しいくことが、間接的に本人の変化を後押しすることに役立つと伝えると、ホッとした表情を浮かべてフィードバック終了となった。

まとめ

1. 思春期・青年期の不適応行動の発達的背景

　思春期や青年期前期の加害者支援を考えたときに、〝子どもと大人の境界的存在〟であるこが特徴といえよう。言葉で自分の考えや感情を捉え表出することが難しい。身体的には成熟が始まりつつある一方、情緒や言語能力、対人関係の発達は未熟であり非常にアンバランスな時期である。だからと言って幼児期や学童期のように〝あそび〟を中心に非言語的な面接を進めていくことも適応的とはいいがたい。拙いながらも本人の言葉にならない、本当に言いたいことを推測し

ながら粘り強く伴走していくような心持ちで支援に携わる必要が生じよう。

このような特徴ある未成年の加害者を抱えた家族には、本人の持つ発達的なアンバランスさから生じる本人理解や支援の難しさが生じるのではないかと思われる。見た目は小さく愛らしく可愛らしい存在であった子ども時代から、体も大きくなり情緒的にも不安定でイライラしたり内に籠もって何も話してくれなる。ときには大人を責めるような正論も突きつけてくる。保護者にとっては生きてきた環境も大きく異なるので、大人の立場から本人の困りごとや大切にしている価値観を推測しにくい。そんな状況の中で、本人の中で言葉で表出できない不満や孤立感等を一時的に解消したり、本当の苦しさを誰かに気づいてもらうためのサインとして加害が生じる可能性がある。しかし、加害者家族にとっては実子の加害という不適応行動の発生に驚き、道徳的な観点から少年に反省や更生を早急に求めたくなる。保護者として社会的な責任を本人に変わって取らなければならないと焦る一方、真剣に事件の影響に向かい合おうとしているように見えない本人への怒りが生じることもあろう。

ここで臨床心理の専門家の立場として加害者家族を支援するにあたり、加害という行動の責任を本人が持てるように励ますこと、本人の言葉にならない考えや感情を把握して本人や家族に伝わるようにする、通訳のような役割を請け負っていると感じることが多い。加害者家族にとって本人は身近な存在であるので、家族は過去の本人像に引きずられて現在の本人の姿が見えづらく（または見たくなく）なりやすいからである。次に面接を通して把握しえた本人が本当に得たいと思っていたことやわかってほしい気持ちを、今の本人に合ったやり方で獲得していく対処を模索していくことである。

2. 他者支援を受けることがもたらす更生への可能性

加害者家族は心配、本人の不安定さに振り回される苛立ち、愛情

等がないまぜになりながら、毎日を過ごしていると思われる。未成年の加害者家族にとっての大きな懸念は、成人後も含めてその先に生じる重大な犯罪を行動化すること、その可能性を見過ごすことのようである。実際に殺人や虐待、性犯罪のような報道が毎日のように繰り返されている。加害者家族が感じる本人への現在の葛藤、家族それぞれに生じるであろう将来への不安についてもしっかりと支援していくことが必要である。

　自律的な活動に進む思春期・青年期の発達段階にある本人は、保護者から「また悪いことをしでかすのではないか」と心配されることは端的に「疑われている」という感覚を強めるようである。保護者が伝えたい「わが子によりよい人生を歩んでほしい」という願いが、本人には「どうせまた犯罪する、失敗すると思っているんだろ」と伝わる切ない悪循環に進んでいくことが多い。このようなときに援助者が保護者の心情に巻き込まれると、本人を否定するような関わりにつながり、更生への効果的な本人援助に繋がらないのではないかと考える。加害者家族と本人とのどちらの立場にも肩入れしすぎないようなバランスを保つ配慮が不可欠と考える。

　未成年者にとって悪いことを考えたり未熟な心情に振り回されることは強弱の違いはあれど発達の過程で必要なことである。かといって加害者家族が感じる本人に対する不安を隠してニコニコしながら「あなたのことを信頼している」と伝えてもその真意はすぐに見破られ、安定した家族関係の回復にはつながらないであろう。　犯罪にまつわる加害者家族支援はWOHのような専門機関、学校の困りごとについては教職員やスクールカウンセラー、加害者家族自身の悩みや心身の不調については、自身が医療やカウンセリングのような援助を受けるといった多角的な支援を用いることが必要となる。

　疾風怒濤ともたとえられる思春期・青年期に加害が生じたとしても本人にとっても保護者にとっても「なんとか乗り過ごせてよかったな」と思えるような成人期を迎えられるように支援していくため

には、早期に対応することで支援を受ける期間も短くなり、本人の再犯可能性を低くする可能性にもつながろう。少年の加害者家族が支援の扉を叩くことは非常に強い困難を伴うものと思われるが、ためらいながらでも一歩を踏み出していただきたいと思う。

未成年加害者理解と、
家族への心理的支援

駒場優子（臨床心理士、公認臨床心理師）

　未成年者である加害少年について、全般的な子どもの情緒の発達、精神的な育ちについて取り上げ、感情のコントロールや、生活上の適応について考えていく。また、著者の矯正施設での勤務経験から受刑者の傾向、特徴を挙げ、未成年者の犯罪にどのような課題が関連しているのかということを考えていきたい。

　また後半では、主に未成年者加害者、少年事件等に関連した加害者家族への心理的サポート、加害者家族への支援について取り上げたい。

未成年加害者の
精神発達について考える

1. 情緒の発達——情緒の発達と、感情表出の学習

　ここでは情緒の面にフォーカスを当て、情緒の発達がどのようなプロセスで進んでいくのかということについて概観する。

⑴　感情表出の学習

　行動の獲得は、他者の行動を見聞きして獲得される、つまり学習されることで獲得される。同じく、感情の表出やコントロールにつ

いても、二者間でのやりとりやその経験を中心にした学習が関連している。乳児期に子どもが環境にネガティブ（不適応、危機）に反応する場面で、養育者にその状況が感知され、共感を得て抱えられることで安心感を感じられる、この経験が積み重なることが非常に重要である。この安心感を学習する一連の経験を繰り返す中で、不適応や危機のサインの適応的な（適度な）発信が可能になる。そして、安心感を繰り返し経験した器は耐性がつき、「このくらいは、大丈夫」と、自身で不快感の対処が可能になるという発達を遂げていく。また一人では耐えがたい不快感が生起したとしても、安心感とともに抱えられた経験のある子どもは、助けの求め方も適応的に表出されるだろう。

　一方、子どもがネガティブに反応する場面で、養育者が子どもの危機にうまく対応できず、子どもが安心感を感じられないという経験が蓄積されていくと、子どもにどのような影響があるのだろうか。たとえば、養育者が子どもの危機状態を感知できない、危機について把握できても「このくらいで泣かない」「我慢しなさい」というメッセージが送られる、というような対応が繰り返される。そのような環境で養育されると、子ども自身が危機に気づきにくくなり、自分の身体や心に起こること、感じている感情に鈍感になっていく。また、自分自身の状態に気づきにくくなるということは、他者に対する理解も貧弱になるとことである。自分の気持ちに鈍感であれば、他者の気持ちを慮ることもできないだろう。自分自身の心や身体に起きることを実感できること、それは、共感性の育ちにも繋がっていく。

　また、身体的に痛みがある場合に「これくらいで泣かない」「我慢しなさい」というメッセージを投げかけ続ければ、本人の実感と振舞いに解離が起き、この場合にも自分自身の実感が鈍麻して、知性化（頭で考えることで、心の出来事を隠すこと、抑圧すること）ばかりの対処をすることになり、情緒を育むことに支障が出るだろう。振舞いとしての「いい子」は得意であるが、自分自身の心を理解しにくく、他

者の中で起きることに対し共感的になることは困難であろう。

図　子どもの危機に気づき対処することで愛着関係が構築されていく

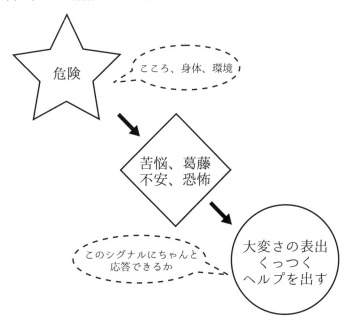

⑵　感情のコントロールはどのように獲得されるのか

　筆者は矯正施設内で受刑者であるメンバーに対し、再犯防止のための グループ治療を行っている。犯罪を犯した人について、単純に分類することはできないが、さまざまな課題がある中で、特に感情や衝動の取扱いについては、課題のある人が多い。感情、衝動のコントロール機能の不全があり、彼らにとっては気持ちを動かすことは、ほとんど「災難」のような体験なのではないかと感じる。それは「気持ちを揺れさせられた」被害的な体験になり、揺れても折れない、揺れても落ち着くことができる、という信頼は自分自身に対してないように見える。自分の心の機能に信頼が置けていないので、また

この場合も「なんてことだ、どうにかしてくれ」と、本来の不安や恐怖を言葉にすることには遠く、状況に対して苛立って、怒りを表出するということに陥りやすいのだろうと考えられる。

　彼らの傾向を見ていると、乳幼児の頃から「自身の危機を表出する→安心感を持って抱えてもらう」という体験が少ないように見受けられる。感情を動かされることに不慣れで、それ自体を人の助けや自分のコントロールでどうにかできるとは、感じられていないようである。情緒の発達とそれに伴う感情のコントロールは、乳幼児期から主に養育者との関係性の中で育まれていくものである。「感情をコントロールしなさい」と言葉で言われたとしても、それは本来的には頭ですることはできないだろう。身体が感情を抱える器を作るということは、安心、安全を間において、関係性の中のやり取りで育まれるのである。

2. 適応と不適応

(1) 自分の適応・不適応を知り、対応する

　情緒の発達の基本形である「子どもが危機を感じ、発信し、それを養育者が感知し、安心安全を子どもが感じられる対応をする」というやり取りが、さらにどんな精神的な発達に関与するのか、ということを適応と不適応という観点で説明したい。

　生物は環境との相互作用の中で、変化に対して微調整をしながら適応状態を維持しようとする。環境に対して、起きていることが固体にとってポジティブな状態かネガティブな状態かを感知するということがまずなければ、適応するための対処も難しくなる。乳幼児期に自身の危機を養育者が寄り添い感知し、安心安全の中で対処するという経験を積み重ねることが、自分自身の状態を「感知する」学習となるのである。言い換えれば、自分自身に起きていることを把握し、「なかったこと」にはしないで、細やかに対処をしていくことの学習であり、時に適応状態が揺らいでも、気がつくことで対処ができる

のだ、という体験をしているのである。

　一方、「なかったこと」にするということはどのようなことか。それは、日々の生活の中で起こる大小の出来事から受ける自身の影響を、「まあこれくらい我慢しよう」「どうにかなるだろう」「問題を抱えているなんて誰にも言えない（相談できない）」と対処せずに放置することである。そして、小さな不適応が蓄積し、問題行動や心身の不調に発展していく。前述した「子どもの状況（危機、不安）を養育者が感知しにくく、子どもが安心安全を感じにくい」という状況や、「子どもの状況が把握できても、『このくらい大したことではない（強くなりなさい）』『我慢しなさい（泣いたりせず、いい子にしなさい）』などのメッセージが常に送られている」状況で育つ子どもは、日々起こる出来事に対しても同じように「このくらい大したことない」「我慢しよう」と考えて対処するようになるだろう。振舞いとしては「大丈夫」であるかのように過ごし、実感を持って危機を感知することができないか、不快感（不安、苦しさ）を感じていたとしても自身の危機に対して適切に対処することが難しくなるだろう。

(2)　不適応に対処する経験

　矯正施設で出会う受刑者に面々は、みな違うさまざまな人生を送ってきたわけであるが、大きくひとくくりにすれば、基本的に多くの人生の時間を「不適応状態」で生きてきた人であると言える。グループの中では、彼らがどんな風に考え、どんな風に人生のさまざまな出来事に対処してきたのかを聞きながら、「不適応状態」について理解を共有していく。そして特に大切なこととして、グループを開講している期間中（8ヵ月から10ヵ月）に彼らの現在の「不適応状態」について取り上げていく、ということがある。今まさに彼の「苦手な場面（不適応状態）」が訪れていると捉えて、セラピストもメンバーも一緒に考えて、実際に対処をする経験を積み重ねるのである。不適応状態から脱する、という体験は「適応的に生活する」ということを体

験することでもある。グループの中で、「(大変であったが)うまくいった」体験を共有することは、そこに彼らのどんな力が活かされたのか、どんな強みがあるのかをメンバーと共有することになり、労われて承認される体験にもなる。また他のメンバーにとっても「回復の仕方」を学ぶことになるのである。そのような出来事が複数回、各メンバーに訪れ、そして「適応的に生活する」ことを模索して、対処する体験を積み重ねていくことが、人生が適応的に変化していくことのスモールステップであると考えている。

　また、彼らの傾向として、不快感(不安や不満、苦しさなど)を適切に対処できないという傾向が挙げられるだろう。さまざまな出来事にたとえ動揺しても、自分自身の力で危機を感知し、適切に対処することができるという経験に恵まれずに育った場合、自分を揺るがすような事態に対しては、他罰的になったり、攻撃的に振舞ったりするようになる。悲しむべき場面、困惑で戸惑う場面や助けが必要な場面であっても、自身の細やかな情緒に触れにくいため、本来の情緒とは一致せずに爆発した感情の表れとして怒りが表出される。これは、この状況や自分に起きていることを自分自身に信頼感を持ち、確認することができないために「どうしたらいいのか」「このような不快感(不安)は抱えられない」という危機の高まりにより、パニックに陥っているような状況とも言える。そのような事態について他罰的に非難、攻撃する姿から、彼らの欲求不満耐性の低さが顕著となる。不満、不快感に対しての耐性も低ければ、対処をすることの技術も低い。安心安全な中で、不満や不快が受け止められた経験が少ないということが、ここでも理解されるのである。「非情な現実は変わらないけれど、安心安全な関係性の中で受け止められることがある限りは、『しょうがない』こととして、次に進むか」とは、ならないのである。彼らの生育歴の中に、安心安全な人間関係が体験されにくかったということは、共通しているように感じる。

3. 自尊心

(1) 子どもの自尊心の育ち

　子どもの自尊心は、どのように育っていくのか。発達の段階に応じて、子どもにはさまざまな発達上の課題が訪れる。ここで発達の詳細について扱うことはしないが、たとえば、乳児期には養育者とのやり取りから、守られている・大切にされている安心感を感じる体験が積み重なることが、非常に大切になる。それが養育者以外の人間関係にも波及し、「人は、信頼に足る存在である」と感じられるようになる基本的信頼感の獲得が、乳児期の発達課題であるとされている。また、言語化できない時期の乳児にとって、養育者が乳児自身の快や不快を感知し、それが適切に対処されるという経験をすることで、不快感を感じても大丈夫（不快が取り除かれ、快に転じる）という不快感に対する耐性が育っていく。乳児期という活動範囲も限定的で、言語的なコミュニケーションが取りにくい時期であっても、養育者をはじめとした周囲の人との関わりの中で世話がされ、存在が認められることで子どもの自尊心は育っていく。

　さらに、幼児期、学童期、青年期と発達していくと、学校やコミュニティ、職場などの社会的な場面での課題も複雑に広がっていく。その中で、評価や失敗・成功ということを超えて、その子ども自身が認められ、大切に扱われるということを通じて、自尊心の育ちは確かなものとなっていくのである。加齢とともに現実的な課題は複雑にはなるが、乳児期のように、養育者やその子どもに関わる人々が子どもの「不快を快にしていく」サポートを、本人とともにしていくことには、変わりはない。そのように、本人が大切にされるというやり取りが、自尊心に大きく関わっていく。

(2) 低い自尊心に向き合うときに

　自尊心ということを考え、著者の出会ってきたメンバーを振り返

ると、今までの人生経験の中で育まれなかったことの一つに、彼らの低い自尊心があるだろうと考える。彼らが過去や現在の不満や不快について他罰的になり、攻撃をし、「こうなったのは、お前のせいだ。どうにかしてくれ」と言うような表現をする一方で、自尊心の低さゆえに、自分は自分のほしいものを求める資格なし、とも思っているように、感じることもある。そのような部分で「状況に流される」ことになりやすく、たとえば、深く考えないこと、自分の感情の面倒をみないこと、などとして現れる。

　さらに自尊心の低さは、承認されることへの反発や、褒められることに不慣れで抵抗感があったり、褒められると調子を崩したりすることにつながることがある。褒められているということの現実と自己概念や自己評価に解離があり、本人としては不協和な状態に陥ることが理由だろうと考えられる。また、高い警戒心があることも、自尊心の低さを感じさせる。本人としては、褒めたり高く評価されるという自分であるはずがない、という認識となり、結果「何か裏があるな、気をつけよう」という心情になるのだろう。

　自尊心の傷つきを抱える少年に対し、向き合う我々はどうしたら良いのか。上で触れたように、単純に「○○ができるから、すごい」「○○という良いところもある」など、一般的に考えられる「褒める」言葉を投げかけても、低い自尊心の相手に対しては、ただ褒めるということ自体がさらに彼らを苦しめることにもなる。著者は経験の中で、非常に自尊心の低い相手に対しては、「今、ここで」見えている彼らの状態について描写することが、彼らを揺さぶり過ぎずに「ポジティブ」を伝えることに適していると考えている。たとえば、「顔色が良さそうに見える」「しっかり目を見て話してくれている」など、両者で了解可能な「今、ここで」に表れていることをフィードバックするのである。

未成年加害者、
少年事件に関連した
加害者家族支援

　これまでのところで、未成年加害者の心理・発達的側面について考察した。この内容を踏まえたうえで、未成年加害者、少年事件等に関連した加害者家族への心理的サポート、加害者家族への支援について取り上げたい。心理的支援として特に家族療法を主として関わった事例を挙げ、実際の家族支援について考えていく。またここで紹介する事例は、著者が関わった事例に対して個人が特定されないよう家族情報等に加筆をしている。

1. 事例——18歳で事件を起こしたＡさんの家族支援

　Ａさんは高校卒業後、浪人中で予備校へ通っている時期に傷害事件を起こした女子少年である。その事件が起こる以前より、Ａさんは家庭内で父親に対する暴言、家財を投げ壊し暴れるなどの問題行動が続いていた。

　予備校へ通っていたが、Ａさんは高校の成績も良く、現役時代にも複数の上位校を受験し合格していた。しかし、Ａさんの希望する大学ではなかったために、再び受験することとなったという。家庭では、勉強や成績に関することを父親が話すことをきっかけに、暴れることが多かったという。暴れた際には、たとえば小学生のときに自分は習いごとばかりで友達と遊べなかったこと、中学では無理やり親の望む部活動に入ったこと、帰宅後も厳しく勉強ばかりさせられて友達の誘いで遊ぶことができず、結果的に友達もいなくなってしまったこと、など過去の出来事について繰り返し触れては、怒りをぶつけていたという。両親からの話では、暴れだすとしばらく手が出せず、Ａさんが気のすむまで待たなければならない、ということであった。母親は、「いつか、もっとひどいことになるのでは

ないかと心配だった」と話した。家庭の中ではAさんの状態が大きな問題であったが、公務員であった父親が外部機関に相談することに抵抗感があり、相談はしたことがなかったという。父親は「希望の大学に入れたら、落ち着くと思っていた」という。

一方でAさんは、家庭外では人見知りであまり自分のことを話すタイプではなかった。高校時代に友人も数人いたというが、卒業後は連絡を取り合っているうようには見えなかったという。人づき合いについて、「自分が何か言うことで、人がどう思うのかわからないので、悪い状況になるならそもそも話をしない方がいいと思った」と、母親には話していたという。

そして、家族に対してきっかけがあれば怒りを爆発させるということがしばしば繰り返され、あるときそれでも収まらない気持ちのまま家を飛び出して、Aさんは事件を起こしてしまった。

2. 家族面接

(1) 裁判に向けての家族面接

Aさんのご両親が、家族支援を求めてNPO法人ワールドオープンハートに連絡があったことで、著者(以下、Th.と表記)との家族面接が開始された。3回までの面接では、Aさんの発達や成長の経過について、また家族との関わりについて聞き取り、家族関係にどのような特徴があるのかということを両親と共有していった。両親はTh.と話し合ったことを、Aさんの事件についての理解としてまとめて、情状証人として裁判で話すこととなっていた。

その中で理解されたことを以下にまとめる。

・特に高校時代まで、基本的に父親が家族の意思決定を引き受けており、「大切なことは、父親が決める」ことは家族にとって当たり前であったという。Aさんには姉がいるが、母親は「姉も同じように育てたが、特にAのような不満は言っていない」

と話していた。

・父親にも感情のコントロールに特徴があり、「思った通りにならない」と思うと感情的に怒りを爆発させる、というパターンがあることが理解された。子どもたちに勉強させるときなど、感情的に叱ることもあったということだった。

・母親は、子どもたちに優しく関わってきたが、父親が意思を通すことはわかっており、それに対して反対したり、交渉したりすることはない。父親が子どもたちを叱っていても、その場では介入せず、後で「おやつを与える」「食事を出す」などの関わりをしていたという。言葉で何か子どもへ伝えることはなかった、ということだった。

・Aさんは父親から強く言われれば、それに従っていた。今まで「自分の好きなようにしたい」と言われたことはなかったという。Aさんの言う中学時代の部活動も、帰宅後に父親と一緒に練習していたということで、父親は「嫌なら、帰ってからも練習するということはなかっただろう」と言っている。

・事件への直接的なきっかけは、父親が暴れるAさんに対して「出て行け」と言ったことだと考えており、両親は「自分たちが我慢していれば事件は起こらなかった」と自身らを責めている。

　聞き取りの中で理解された以上のことについて、両親に対してTh.はこのような内容として伝えた。

　お父さんは、本当に家族のために一生懸命関わって来られた。（父親が、自分のやり方が悪かったのでしょうか、と言うことを受けて）親は、自分が思う「良いこと」を基準にして子どもに関わるものだろうと思います。そして、やはりAさんの表現は、非常にこちらが受け取りにくい表現であり、攻撃的だったり、暴力的なの

で、内容を理解しようとする前にこちらに抵抗感を持たせてしまうのだろうと思います。家族でない距離のある私が聞かせてもらうと、きっと暴言や暴力の後ろに「本当の思い」、「言いたいこと」が隠れているのだろうと感じます。Aさん自身も抱えられないような不快感、自分にOKを出せないような、不全感が続いていたのだろうと想像します。そして、自分の中のネガティブな感情は自分自身に向き、自虐的、自傷的にもなっていただろうと思います。そして、それは簡単に反転するとも言われており、翻ってAさんの攻撃が家族へ向いていたのだろうと思います。「出て行け」とお父さんに言われたことをきっかけにして、家族への攻撃だけでは抑えが利かなくなり、事件へと発展してしまったのだろうと考えられます。

また、それ以外に理解されたことについても、複数回の面接の中で両親へ以下の概要で説明していった。

・Aさんは、成績など知的な能力の高さがある一方で、情緒の発達に未熟さが見られる。自分自身のさまざまな感情に気づき、その感情に名前をつけるような作業が苦手なのではないか。もしかすると、何かモヤモヤする「不快感」を漠然と感じているのみで、細かく感情が分化していないのかもしれない。漠然と感じている不快感は、イライラや怒りとして表出しやすい。一方、感情の分化は、幼少期からの経験にゆだねられる。たとえば、養育者が子どもの状態に対し「こんな気持ちかな(痛かったね、嫌だったね、等)」と言葉をかけてもらう経験を重ねて、自分自身の気持ちに名前がついていく。感情が分化する、感情に名前がつくということは、安全に自分の中でその感情を抱えていられるようになる、という情緒の発達である。Aさんは、さまざまな不満、不全感、低い自己肯定感、不安、自

信のなさ、などの感情を大まとめに不快感として漠然と感じ
ており、生活の中で家族からの刺激などがあると、感じてい
ること自体に耐えられなくなり、怒りや攻撃として爆発（発散）
させていたのではないか。

・さらに、Ａさんは自身の能力や今までの成果について、一般
　的な価値や評価に比べると、自分自身をとても低く見積もっ
　ており、今までの成果や経験についてポジティブな評価をし
　ていない。両親が熱心に関わってこられ、「やればできる子」
　と評価している一方で、本人の自己評価、自尊心は低いよう
　に感じられる。実際に幼いときからお父さんの助言を聞き入
　れ、提案を目標として努力してきたＡさんだが、「自分で考え
　て、自分で選択する」という経験が少なかったのかもしれな
　いと感じた。お父さんの提案で行動し、成果が出たとしても、
　それは「やっぱりお父さんはすごい」ということにはなるが、
　「自分は、よくやった、頑張った」という自己評価にはなりに
　くかったのかもしれない。それが、Ａさんの自尊心に関連し
　ているように思われる。

・高校までの生活では、Ａさんの生活上の困りごと（「学校でバカ
　にされた」とＡさんが訴え登校を渋った際には、父親が管理職と話し合
　いをしている）は、お父さんの助言や行動により解決していた
　ことが多いのではないか。ただ、現実の解決があったとしても、
　Ａさんの気持ちの対処が「危機を感知する→対処行動を考える
　→自分自身の働きかけにより、落ち着く。安心を感じられる
　ようになる」というプロセスによるものかどうか、という点
　では、先に挙げた「お父さんの成果」になることはあっても、
　「自分で乗り越えた。自分で対処して、安心できるようになっ
　た」という、経験になりにくかったのではないか。ここまで、
　自分自身の心の対処の経験を積みにくかったことと、現在の
　問題が家庭の外にある問題ではなく、Ａさんの気持ちと、そ

れを向けられるお父さんとの間にあることも、「対処できない」大きな理由だったかもしれない。今までは、外の問題に対してむしろお父さんとＡさんは同盟関係として対処できたが、今回は両者の相互作用の結果に問題（Ａさんの暴言、暴力）がついてくる、という形になってしまった。

⑵　今後のための家族面接
——家族の関係調整とＡさんの問題行動解決に向けて

　３回までの面接で理解されたこと、家族の特徴や課題を踏まえて、今後の家族関係のために、Ａさんの問題行動の解決に向けてという目標で２回の家族面接を行った。

　その面接の中でTh.が家族に説明したことは、以下の３点であった。

①　父親とＡさんの心理的距離の近さと、一方での母親との距離の遠さについて。
②　実際に成果を上げて、目標達成しているのはＡさんなのだが、Ａさんの実感として「Ａさんの手柄」が少ないことが、もったいないということ。
③　Ａさんと、お父さんの感情コントロールの課題について。また、自身の気持ち、感情についての理解不足について。

　具体的に説明をすると、①は、高校時代までは二人三脚でさまざまなことを乗り越えてきたＡさんとお父さんだが、今後大人として自立・自律していくためには、いわゆる「一人立ち」が必要である。今までお父さんとＡさんの心理的な距離が近かったところ、両親とＡさんとの心理的距離にバランスを持たせる必要があるように考えられる、ということである。子どもの自立、自律のためには、改めて目に見える形の両親の協力（両親連合）が大切である。そのように両親が繋がることで、子離れ、親離れが可能となるとも考えられている。

具体的にAさんが確認できる形で、両親2人が話し合い、つながっていることが示されると良いだろう。ちなみに、話し合いや相談の「内容」については、明らかにせず「親の秘密」にしておくと、さらに連合関係は強まり、子どもとの距離は取られる。また、今まで母親とAさんの距離が遠かったことを考えると、たとえば2人だけで話をする頻度を多くする、という2人の関わりという視点があっても良いかもしれない。

②は、今までAさんのさまざまな目標、課題、問題に対しては、「父親の助言、提案」があった。前述したように、この形のままでは現実の成果が、Aさんの成果の実感とならないように考えられる。今後、問題解決に向けて話をする際には、お父さんのアイディア、お母さんのアイディア、そしてAさんのアイディアを選択肢に含め、その中からAさんが選択するという方式にする。つまり、Aさんが主体的に問題解決に関わるようにしていくということである。もしくは、「実際に身体を動かして、達成したのはAさん」というメッセージを送ることが、今までの形であっても結果に対する意味づけに変化をもたらすだろう。

③については、Aさんだけではなく、お父さんの課題としても説明を行った。前述したように、情緒が成長・発達するということは、自身の中で生起した感情に気づくこと、そして、その感情がどんなものなのか、名前がつくというプロセスを経験していくことが大切であると説明した。情緒が成長・発達するということは、さまざまな出来事に対して揺れたとしても、自分は大丈夫であると感じられるような精神的な耐性が育つということである。感情をコントロールするということは、動揺しない、動じないようにするということではなく、まして、怒らないように、爆発しないように「我慢すること」でもない。感情をコントロールするということは、さまざまな種類の感情に対面しても、自身の内で安全に抱えられるということである。竹のように、環境に反応し出来事によって揺れ、しなり

ながらも折れないでいるという柔軟な強さ、とも言い換えられる。そのような感情の耐性、耐久性を高めるためには、自分の中にどんな感情が生起したのか、「なかったことにしないで」確認していくことである。そして、自分の苦手な感情、気づきやすい感情、気づきにくい感情、まだ感じたことのない感情など、自分自身と感情とのつき合いの歴史をなぞってみることも、その助けになるだろうと考える。そのためには、やはり自分の感情や内面について、自己理解をしていくガイドとして専門家の力を借りることも、重要であると思われる。

おわりに

　未成年加害者の加害者家族に会ってきた経験から、著者が感じていることがある。それは、当事者の起こした事件について「（まだまだ世話が必要な子どもなので）責任は、親にあります。育て方が間違っていました」とおっしゃられるご家族が多いことである。そして、もっと言うと子の年齢が成人年齢であっても、加害者家族が先のように発言されることが非常に多い。

　法律では、年齢の制限を設けて年齢に見合った「責任の取り方」が設定されているとも言え、この家族の発言を聞くたびに、実際に若年の子どもか中年の子どもかということではなく、「子を養護する親」としての距離感がこの家族の間にはあるのだな、と感じさせるのである。なので、責任をとるのは親で、子どもはまだ養護される立場なのです、ということになる。

　精神面を含めて、自分で自分の世話をするということが人の「自立・自律」だと捉えると、家族の誰かが当事者本人の生活面の世話、身体面、精神面、経済面、健康面など、主要な世話を肩代わりしていると、その家族は養護する立場ということになるのだろう。そして、当事

者本人との心理的距離は近いものとなる。

　近い心理的距離だけが、犯罪を含めた問題行動の目安になるわけではない。ただ、家族内で密着する2者、3者がいるということが、家族の中でどのような現象を作り出しているのか、という視点が重要であろうと考える。問題が顕在化するときは、家の中からその問題が飛び出して、社会の中に出たときであり、逆に言えば家の中に社会が持ち込まれないことが問題だろうとも思われる。

　大雑把な言い方ではあるが、犯罪が心理的な危機から起こる問題行動だとすると、特に同居家族との関わりの強い未成年までの時期は、個人の危機が単独で起こると考えるより家族の危機の中にその未成年の子どもがいた、と捉える方が自然かもしれない。そして、社会と家族との間で自立・自律を模索する未成年の子どもにとって、その揺れを受け止めてくれる家族との関わりが、先の「責任をとる」主体として成長することに関わっているだろうと考えている。

第3章

ピア・カウンセリングの実践
——親としての罪責感に寄り添う

阿部恭子（NPO法人World Open Heart理事長）

遠藤真之介（NPO法人World Open Heart副代表）

はじめに

　WOHでは、定期的に加害者家族が集まり、プライバシーが守られた空間で、自身の体験や悩みを語り合う「加害者家族の集い」（以下「家族会」）を開催してきた。

　本章では、少年事件の家族に焦点を当て、「家族会」の意義と効果について検討したい。まず、WOHでは全国各地で「家族会」を開催しており、開催地によって微妙に参加要件が異なっている[1]。参加者が最も多い関東は、加害者との続柄によって「親の会」「その他の会（配偶者・兄弟姉妹など）」とグループを分けている。罪名よりも続柄で区分したのは、加害者家族の中で最も参加者が多く長期的に関わり続けている家族は「親」の立場である。日本では、子どもが起こした問題について、いつくになっても親の責任を問われる。子どもが未成年であればなおさら、あらゆる場面で監督責任が問われ、法的責任を背負う場合さえある。少年事件の保護者は、加害者家族の中でも特に長期的な支援が必要な人々である[2]。

　本章では、「家族会」という仕切られたコミュニティの必要性と「親

1　ひとつのグループの参加者は10人未満で60〜90分を目安に終了する。開催して間もない地域では、参加者は数人である。

2　加害少年の兄弟姉妹が家族会に参加するケースはほとんどない。

の会」[3]で語られる少年事件の保護者の心情に焦点を当て、支援のあり方を検討する。[4]

少年事件における「家族会」の意義

1. 日常と切り離された「コミュニティ」の必要性

　参加者の多くは、これまで無意識に所属していたコミュニティからの排除を経験している。家族が罪を犯し、自身が「加害者家族」になったことにより構成員としての地位を失ったと感じる。このような悲しみは「Disenfranchised grief（公認されない悲嘆）」と呼ばれる。[5]"Disenfranchise"には、「権利を奪う」という意味があり、「市民権を剥奪された」かのような加害者家族の心情を表わしている。こうした心情の受け皿を失った加害者家族にとって、安心できる居場所が家族会という「コミュニティ」である。

　加害者家族を包摂する社会であれば、私たちの作る「家族会」というコミュニティは不要である。しかし、日本の地域社会はたいてい「住民」という同質性を基本に構築されており、家族の病気や災害など、日常生活において多くの人が経験しうる悲嘆の受け皿となりえても、家族が犯罪者になるといった想定外の問題に対応できない脆弱さを有している。罪を犯した人は、共同体を毀損した「穢れ」とみなされ、家族は犯罪者を出した家として地域から排除される。[6]同質

3　WOHの「親の会」は、参加者を少年事件の保護者に限定しているわけではない。
4　「加害者家族の集い」全体のイメージ把握として、駒場優子・相澤雅彦「加害者家族へのグループアプローチ」阿部恭子（編著）『加害者家族支援の理論と実践——家族の回復と加害者の更生に向けて』194〜204頁も参照されたい。
5　髙木慶子・山本佳世子（編）『悲嘆の中にある人に心を寄せて——人は悲しみとどう向かい合っていくのか』（上智大学出版、2014年）3〜6頁参照。
6　この点、刑事法学者の佐藤直樹教授が「世間学」の観点から分析している。佐藤直樹『犯罪の世間学——なぜ日本では略奪も暴動もおきないのか』（青弓社、2015年）など。

性が高い地域こそ、共同体を毀損した人間を排除することで団結する傾向がある。

　私たちが作る「家族会」というコミュニティは、加害者家族を社会から隔離するための場所ではなく、同じ体験をした者同士が問題を共有し繋がりを持つことによって、再び社会への信頼を取り戻すに至るためのプロセスとしての場所である。

　社会の包摂機能が養われていくことによって、コミュニティの閉鎖性が緩和され、参加者にとっての唯一の拠り所から、選択肢のひとつに変化していくことが望まれる。

2.「加害者家族」というカテゴリーの重要性

　少年事件の加害者家族の中には、「非行と向き合う親の会」「依存症の家族会」「子育てに悩む親の会」「発達障害の子を持つ親の会」「引きこもりの子を持つ親の会」など複数の自助グループに属している人々もいる。子どもが犯罪に手を染める背景には、さまざまな要因があり、複数のグループと繋がることで子育て、依存症、発達障害などさまざまな問題から事件を捉え直すことで新たな気づきをえることができる。したがって、加害者家族には複数のグループへの参加を積極的に勧めている。

　WOHのような「加害者家族の会」が存在しなかった時代、上記に挙げたような自助グループが加害者家族の受け皿となっていた。ここで、「加害者家族」というカテゴリーの必要性について考えてみたい。WOHではこれまでさまざまな事件の加害者家族から相談を受けているが、加害者家族としての悩みや悲しみの深さは、必ずしも事件の重大性に比例するわけではない。子どもが起こした事件の内容が、比較的軽微であったとしても、再犯の恐怖に眠れぬ日々を過ごしている家族も存在している。

　ここで注目すべきは、加害者家族を取り巻く社会状況である。少年による重大事件の保護者へのバッシングは、ほかの続柄の加害者

家族より厳しい。少年の匿名報道を不満に感じる人々は、社会的制裁として代わりに家族のプライバシーを晒そうとする。軽微な事件であれば、影響は地域に限定されるが、重大事件の場合、全国の見知らぬ人々から憎悪を向けられるのである。「加害者家族の会」は、プライバシー保護の必要性が高い重大事件の家族でも参加しやすいよう、完全非公開で、会場も参会者にのみ告知しており、プライバシー保護に最も重点を置いた運営を行っている。

親たちの語りとは

1. 感情を解放できる雰囲気を作る

　会の運営スタイルとしては「言いっぱなし・聞きっぱなし」が前提であり、ひとりの語りをほかの参加者が傾聴する。参加者が順番に発言する時間を設け、発言中は誰からも干渉されない。そこでは自分の名前を名乗る必要もないし、事件や裁判の具体的な話をする必要もない。ただ自身の話したいように言葉を紡いでゆく。

　会は、「安心して参加し、発言ができること」が絶対条件である。「話した内容が誰かに漏らされるのではないか」という疑念があれば、経験や感情を言葉にすることなどできない。したがって、「参加者の発言中にほかの参加者は発言してはいけない」「自分の話の番になっても、ほかの参加者の話に否定的な言及をしない」「聞いた話の内容を会場の外で漏らしてはいけない（あらゆるスタイルのSNS〔Social Networking Service〕に書き込むことも当然禁止）」などのルールがある。

　家族会のファシリテーター（進行役）および運営スタッフは、常に

7　バッシングが起こる背景について、佐藤直樹『加害者家族バッシング──世間学から考える』（現代書館、2020年）40〜73頁。

ルールが守られることに細心の注意を払っている。この前提が崩れてしまうと家族会が崩壊し、参加者の居場所をうばうことになりかねないからである。

以下、運営にいて問題となった点について事件をもとに検討する。

2. 事例①

(1) 共犯者を責める親たち

高橋さん夫妻の息子（17歳）は、振り込め詐欺に加担し、少年院送致となった。息子はおとなしい性格で、家庭でも学校でも問題を起こしたことなどなかった。十分な小遣いも与えており、お金を必要とする理由も見当たらない。両親は、「息子は共犯者に騙されたに違いない！」と訴える。息子は高校受験に失敗し、本来の実力より低いレベルの高校に入学したことから、悪い仲間と出会い事件に巻き込まれたのだと、責任は息子の通っていた高校にあるいう発言を繰り返した。

(2) 検討──他責的感情の表出をどう受け止めるか

子どもを犯罪者に育てる親などいない。子どもが事件を起こしてしまった親たちが皆、虐待をしていたわけではなく、むしろ何不自由のない生活を与えたくて努力してきたというケースは少なくない。突然の我が子の逮捕に、「なぜ……」「まさか……」と現実を受け止めきれない親も存在する。

人間は弱いもので、追い詰められれば追いつめられるほど「私だけが悪いのか……」と、他責的感情が湧いてくるものである。発言に違和感を覚えることがあっても、このような否定的感情は受け止めてよい。親たちも事件によって傷ついており、傷の回復とともに他責的発言が少なくなる場合があるからである。一方で、怒りが湧いてくる心情を理解しながらも、差別的発言や誹謗中傷は肯定してはならず、ファシリテーターはグループ内での発言は控えるよう注意

しなければならない。怒りが収まらない場合は、家族会終了後にスタッフが丁寧に話を聞く時間を作り、ほかの参加者への影響を少なくする努力をすべきである。

　高橋さん夫妻は、会への参加を続けるうちに他責的発言はなくなり、子どもの問題と向き合えるようになった。

3. 事例②

(1) 子どもと自分との境界線

　田中圭子さんの息子（18歳）は、電車内で盗撮行為をし、逮捕された。事件は不起訴となり、息子は日常生活を取り戻しているのだが、母親の田中さんのショックがあまりに大きく、食事も喉を通らないような状態になっていた。事件以来、同居している息子を見る目が変わってしまい、また同じことを繰り返しているのではないか……という不安がいつもよぎるのだという。四六時中「再犯を防ぐために何をすればよいか」という問題に囚われており、そうした視線は息子にとってプレッシャーとなり、親子関係はギクシャクしていた。息子へのいらだちは募るばかりで、夫との関係も悪くなっていた。

(2) 検討──親の役割からの解放[8]

　親の語りの特徴として、「子どもをどうすれば立ち直らせることができるのか」と、常に主語が子どもであることが多い。「親の会」なので、当然のことではあるのだが、「親としてこうしなければならない」という親の役割に縛られるあまり、自分自身の感情を押し込め、子どもの主体性を奪っていくという悪循環に陥っている様子がしばしばみられる。

　「家族会」は、感情を解放する場所であって勉強会ではない。しかし真面目な親たちは、親としての責任（＝子の再犯を防ぐ）を果たすた

8　この点、さらなる詳細について前掲註3書125〜136頁参照。

めに有効な情報を得ようとする姿勢が強い。少年事件の親たちは、罪責感が強く、楽になってはいけないと感情に蓋をしている傾向がある。ファシリテーターは、この場所では親という役割から離れ、自分自身の感情を声に出してみるよう導くことが求められる。

　田中さんは、夫とさえ共有できない悩みを語り合える仲間と出会えたことで気持ちが楽になったという。会の存在があることで日常の困難も乗り越えられている。

おわりに

　家族会への参加を重ね、「語り」を繰り返すうちに家族たちは落ち着き、日常を取り戻して行く。それは何よりも自分自身を取り戻しているかのようである。冗談を言えるようにもなるし、希望を含んだ話をする人もいる。もちろん時間の経過とともに事件当初のショック状態から脱しているという事情もある。こうして地域や職場といった「理解してもらえなかったコミュニティ」から隔離し、安心して「話すこと」と「泣くこと」に「仕切られた」コミュニティに身を置くことによって、参加者はまた現実の日常に戻ることができている。

コラム⑥
書籍紹介

親としての贖罪

スー・クレボルト（仁木めぐみ訳）『息子が殺人犯になった――コロンバイン高校銃乱射事件・加害生徒の母の告白』（亜紀書房、2017年）

　この分厚い本が投げかけているのは「答え」ではなく「問い」である。

　　　私は何を見落としたのか……。

　おそらく、すべての殺人犯の母親が抱える葛藤。穏やかだった息子が突然、なぜ大量殺人という狂気に手を染めたのか。かつて自分の体の一部として繋がっていたはずの息子は、いつから理解しえない存在になっていたのか。

　スー・クレボルトの家族は白人の中流家庭で、加害少年は貧困や暴力とは無縁の家庭で育った。虐待や厳しい躾を行っていたわけではない。世間は、なぜ事件が起きたのか、腑に落ちる理由を犯人やその家族に求めがちである。犯人が異常者で、その家族も貧しく暴力的で無知であったならば、自分の身にはこのような事件は起こりえないと安心することができるからである。
　「あの子がなぜ……」という問いに、彼女は今も苦しめられている。その答えには、犯人の親でさえたどりつくことができないのである。私たちはその現実を、本書から汲み取り、彼女の告白を受け入れなければならない。

本書の帯には、著者スー・クレボルトの写真が大きく掲載されている。日本において、加害少年の親が、実名や顔を伏せることなく事件を語った記録は出てこない。一方、欧米諸国では、犯罪者の親たちが顔を出してマスコミのインタビューに答えることは決して珍しくはない。

　1988年アーカンソー州で銃乱射事件が起き、メディアは事件の重大性に鑑み加害少年を実名報道した。加害少年の母親は、テレビカメラの前で顔を隠すことなくインタビューに答えたが、社会の反応は非常に同情的で母親には全米から激励の手紙が送られてきたという。筆者は、その手紙の内容にも衝撃を受けた。「頻繁に面会に行ってあげてね」「兄弟のケアも大切に」など、筆者が少年院で保護者に呼びかけるような言葉が市民から寄せられているのである。[1]

　必死に身分を隠し、社会の片隅で息を殺すようにして生きていかなければならない日本の加害者家族の現状と比べれば、謝罪を強制されることなく、自由に発言できる環境にあるだけでも恵まれているように思える。しかし、だからといって、殺人犯の親としての葛藤や苦しみから解放されているのかといえばそうではない。

　事件から20年以上経過した現在でも、息子が人を殺した重い十字架を母親は背負い続けている。母として、事件に向き合い続ける孤独な姿に胸を打たれる。これこそがまさに、「贖罪」ではないだろうか。

　息子を殺人犯に育てる母親などいない。事件が起きた事実だけで、加害者家族は十分に傷ついている。それに追い打ちをかけるように罵詈雑言を浴びせたからといって、事件によって失われた命が戻ってくるわけではない。

　社会がなすべきことは、再び同じ悲劇が起こらないために、加害者家族が事件と向き合う環境を作ることである。

1　鈴木伸元『加害者家族』(幻冬舎、2010年)181〜183頁。

その後も全米で銃乱射事件は絶えることがない。アメリカの高校生の間では、銃の規制を訴える動きも活発化している。規制により、少なくとも被害者の数を減らすことはできるはずである。これ以上被害者も加害者家族も生まないために、銃規制運動が世界的なムーブメントに発展していくことを願う。

　　　　　　　　阿部恭子（NPO 法人 World Open Heart 理事長）

2017年6月22日・刊
定価：2,300円＋税
四六版・上製
398頁
ISBN：978-4-7505-1446-8

おわりに

「ウチの親は世間体ばっかり気にして……」

　加害少年たちはよくそう嘆く。しかし、事件後、バッシングによって親たちはますます世間に振り回されるのである。日本の親たちが最も気を使わなければならない相手は被害者でも加害者でもなく、「世間」。

　筆者は2012年、アメリカテキサス州で開催された「全米加害者家族学会」を訪問した際、大きなカルチャーショックを受けた。大切な我が子が罪を犯した事実に胸を痛め、収監による物理的な距離に悲しむ親たちの姿。そこから伝わるのは「家族愛」。罪を犯した子どもへの愛は親として当然であり、愛情表現を憚る親などいない。親たちが感情をストレートに表出し、それを共有できる社会が存在していた。

　一方、日本の親たちが口にするのはもっぱら親としての義務や責任ばかりで、愛情は封印されている。人を殺めた子どもの親が愛など表現しようものなら、「遺族のことを考えろ！」と世間から凄まじいバッシングを受けるに違いないからである。

　加害者の親を取り巻く欧米諸国と日本の違いについて、佐藤直樹氏は欧米諸国では「家族は情緒的関係である『愛情原理』から構成されており、それが社会の『市場原理＝競争原理』とは対立する、ということが強く意識されている。つまり、家族は『愛情原理』によって、社会の非難から子どもを守らなければならないという考えが、人々の意識として明確に共有されているからである」と説

明する。^{▼1}

たとえ子どもが犯罪者になったからといって、世間と一緒に子どもに憎しみの目を向けなければならない社会などおかしい。

愛を知らない少年が、大切な人を奪われた遺族の感情を理解することなどできない。親たちが越えなければならない障害は「世間体」であり、それを超えられるか否か、真の愛情が試される。「親だから当然……」ではなく、「愛しているから……」。いつか、そんな言葉で子どもに寄り添ってほしい。

最後に、現代人文社編集部の齋藤拓哉さんに心より感謝申しあげます。

＊本書は、2018年ファイザープログラム〜心とからだのヘルスケアに関する市民活動・市民研究助成による研究成果の一部である。

2020年5月11日

阿部恭子

1　佐藤直樹『加害者家族バッシング──世間学から考える』（現代書館、2020年）47頁。

阿部恭子 　あべ・きょうこ

（第1部第1章・第2部・第3部第2章・第3部第3章・第4部第3章・コラム）

NPO法人World Open Heart理事長。東北大学大学院法学研究科博士課程前期修了
（法学修士）。2008年大学院在籍中に、社会的差別と自殺の調査・研究を目的とした
World Open Heartを設立（2011年にNPO法人格取得）。全国で初めて犯罪加害者家
族を対象とした各種相談業務や同行支援等の直接的支援と啓蒙活動を開始、全国の加
害者家族からの相談に対応している。著書『加害者家族支援の理論と実践——家族の
回復と加害者の更生に向けて』（現代人文社、2015年）、『交通事故加害者家族の現状
と支援——過失犯の家族へのアプローチ』（現代人文社、2016年）、『性犯罪加害者家
族のケアと人権——尊厳の回復と個人の幸福を目指して』（現代人文社、2017年）、『加
害者家族の子どもたちの現状と支援——犯罪に巻き込まれた子どもたちへのアプロー
チ』（現代人文社、2019年）、『息子が人を殺しました——加害者家族の真実』（幻冬舎
新書、2017年）、『家族という呪い——加害者と暮らし続けるということ』（幻冬舎新書、
2019年）ほか。

―――――――――――――――― 執筆者・監修者略歴（五十音順）

相澤雅彦（あいざわ・まさひこ／第4部第1章）

臨床心理士、公認臨床心理師。ソリューションフォーカスト・アプローチを中心に
個別および集団心理療法や不適応行動の改善プログラムに取り組んでいる。刑事施
設内処遇カウンセラー、公立学校スクールカウンセラー、大学学生相談カウンセラー
として活動している。著作『加害者家族支援の理論と実践——家族の回復と加害者の
更生に向けて』（分担執筆、現代人文社、2015年）、『性犯罪加害者家族のケアと人権
——尊厳の回復と個人の幸福を目指して』（分担執筆、現代人文社、2017年）等。

遠藤真之介（えんどう・しんのすけ／第4部第3章・コラム）

NPO法人World Open Heart副代表。文教大学国際学部卒業。団体設立時より加害者
家族会のファシリテーターを担当。仙台および東京の加害者家族の会の運営を担う。
著作に「支援の中心としての「共依存」概念」阿部恭子（編著）『性犯罪加害者家族のケ
アと人権——尊厳の回復と個人の幸福を目指して』（現代人文社、2017年）。

岡田行雄（おかだ・ゆきお／第1部第2章）

熊本大学人文社会科学研究部教授。1969年、長崎県生まれ。1996年、九州大学大学院
法学研究科（民刑事法学専攻）博士後期課程単位取得退学。博士（法学）。九州大学助
手、聖カタリナ女子大学専任講師、九州国際大学助教授を経て現職。主な著作に、『再
非行少年を見捨てるな』（編著、現代人文社、2011年）、『少年司法における科学主
義』（日本評論社、2012年）、『非行少年のためにつながろう！』（編著、現代人文社、
2017年）などがある。

鴨志田祐美 （かもしだ・ゆみ／第1部第5章）

弁護士、鹿児島県弁護士会。会社員、主婦、母親、予備校講師を経て40歳で司法試験合格。弁護士法人えがりて法律事務所代表。日弁連「再審法改正に関する特別部会」部会長。著作に『隠された証拠が冤罪を晴らす——再審における証拠開示の法制化に向けて』（共編著。現代人文社、2018年）、「再審制度の抱える諸問題」（共著。『シリーズ刑事司法を考える 第5巻』岩波書店、2017年）、「被疑者弁護から少年審判後に至るまでの連携と協働」岡田行雄（編著）『非行少年のためにつながろう！——少年事件における連携を考える』（現代人文社、2017年）などがある。

北島忠輔 （きたじま・ただすけ／コラム）

1998年、中日新聞社入社。社会部記者として刑事司法分野を長く取材。ニューヨーク特派員を経て、現在、教育報道部デスク。東京新聞取材班『自民党迂回献金システムの闇——日歯連事件の真相』（角川書店、2005年）、東京新聞特別取材班『検証「国策逮捕」——経済検察はなぜ、いかに堀江・村上を葬ったのか』（光文社、2006年）、中日新聞社会部『日米同盟と原発——隠された核の戦後史』（東京新聞出版局、2013年）、中日新聞社会部『少年と罪——事件は何を問いかけるのか』（図書出版ヘウレーカ、2018年）、中日新聞社会部『死を想え（メメント・モリ）！——多死社会ニッポンの現場を歩く』（図書出版ヘウレーカ、2020年）の執筆に加わった。

草場裕之 （くさば・ひろゆき／第2部〔監修〕）

弁護士、仙台弁護士会所属。東北大学法学部卒業。日弁連子どもの権利委員会副委員長、仙台弁護士会刑事弁護委員会委員長等を務める。その他、NPO法人仙台ダルクグループ理事、東北・HIV訴訟を支援する会事務局長、東北薬害肝炎訴訟を支援する会事務局長。監修『加害者家族支援の理論と実践——家族の回復と加害者の更生に向けて』（現代人文社、2015年）、『交通事故加害者家族の現状と支援——過失犯の家族へのアプローチ』（現代人文社、2016年）、『性犯罪加害者家族のケアと人権——尊厳の回復と個人の幸福を目指して』（現代人文社、2017年）、『加害者家族の子どもたちの現状と支援——犯罪に巻き込まれた子どもたちへのアプローチ』（現代人文社、2019年）。

駒場優子 （こまば・ゆうこ／第3部第3章、第4部第2章）

臨床心理士、公認臨床心理師、保育士。専門は、発達心理学、短期・家族療法、グループ療法。公立小中学校スクールカウンセラー、保育園発達相談員、刑事施設内処遇カウンセラーとして勤務。『脱学習のブリーフセラピー』（金子書房、2004年）、『ブリーフセラピーの登竜門』（アルテ、2005年）、『小学校スクールカウンセリング入門』（金子書房、2008年）、『加害者家族支援の理論と実践——家族の回復と加害者の更生に向けて』（現代人文社、2015年）、『性犯罪加害者家族のケアと人権——尊厳の回復と個人の幸福を目指して』（現代人文社、2017年）等、いずれも分担執筆。

坂野剛崇 (さかの・よしたか／第1部第4章)

大阪経済大学人間科学部教授、公認心理士、臨床心理士。専門は、臨床心理学、司法・犯罪心理学、司法福祉。家庭裁判所調査官として札幌、東京、大阪などで少年事件を担当。裁判所職員総合研修所教官も務めた。関西国際大学人間科学部教授を経て、2020年4月から現職。 生島浩・岡本吉生・廣井亮一（編）『非行臨床の新潮流』（分担執筆。金剛出版、2011年）、廣井亮一（編著）『加害者臨床』（分担執筆。日本評論社、2012年）、「少年の非行からの立ち直りのプロセスに関する一考察」関西国際大学研究紀要第16号（2015年）、「犯罪加害者家族に対するサポート・グループ活動の意義と課題」司法福祉学研究第19号(2019年)。

佐藤仁孝 (さとう・じんご／第3部第1章)

臨床心理士、NPO法人スキマサポートセンター理事長。事業を起したり、民間企業の役員を務めるなど多職種の経験を積み、その後臨床心理士に転身。矯正・教育・労働の領域で臨床経験を積む。行政や民間団体等の行う支援の「隙間」を埋めるために、NPO法人スキマサポートセンターを立ち上げた。著作に「加害者家族である親子の支援──NPO法人スキマサポートセンターの取組みから」阿部恭子（編著）『加害者家族の子どもたちの現状と支援──犯罪に巻き込まれた子どもたちへのアプローチ』(現代人文社、2019年)。

宿谷晃弘 (しゅくや・あきひろ／第1部第3章)

東京学芸大学人文社会科学系法学政治学分野准教授。専門は修復的正義・修復的司法、刑罰思想史、人権教育。著書に、『修復的正義序論』(共著、成文堂、2010年)、『人権序論』(成文堂、2011年)、『加害者家族支援の理論と実践──家族の回復と加害者の更生に向けて』(分担執筆、現代人文社、2015年)、『性犯罪加害者家族のケアと人権──尊厳の回復と個人の幸福を目指して』(分担執筆、現代人文社、2017年)、『加害者家族の子どもたちの現状と支援──犯罪に巻き込まれた子どもたちへのアプローチ』(分担執筆、現代人文社、2019年) 等がある。

少年事件加害者家族支援の理論と実践

家族の回復と少年の更生に向けて

2020年6月25日　第1版第1刷発行

編　著　阿部 恭子
発行人　成澤 壽信
編集人　齋藤 拓哉
発行所　株式会社 現代人文社
　　　　〒160-0004　東京都新宿区四谷2-10八ッ橋ビル7階
　　　　振替　00130-3-52366
　　　　電話　03-5379-0307（代表）
　　　　FAX　03-5379-5388
　　　　E-Mail　henshu@genjin.jp（代表）／ hanbai@genjin.jp（販売）
　　　　Web　http://www.genjin.jp
発売所　株式会社 大学図書
印刷所　シナノ書籍印刷 株式会社
装　丁　Nakaguro Graph（黒瀬 章夫）

検印省略　PRINTED IN JAPAN　ISBN 978-4-87798-760-2　C2032
Ⓒ2020　ABE Kyoko